Christine Betz • Margit Franz (Hrsg.)

Partizipation
im Kita-Alltag leben

Mit Kindern zur Ruhe kommen

Bedürfnisorientierte
Begleitung von Schlaf und
Erholung in Krippe und Kita

Impressum

ISBN: 978-3-96046-200-2

Partizipation im Kita-Alltag leben – Mit Kindern zur Ruhe kommen
Bedürfnisorientierte Begleitung von Schlaf und Erholung in Krippe und Kita

Klett Kita GmbH
Rotebühlstr. 77
70178 Stuttgart
Internet: www.klett-kita.de

Redaktion	Myriam Bork
Autorin	Christine Betz
Herausgeberin	Margit Franz
Gestaltung und Satz	DOPPELPUNKT, Stuttgart
Druck	Grafik Media Produktionsmanagement, Köln

Gedruckt auf chlorfrei gebleichtem Papier.

Bibliografische Information der Deutschen Nationalbibliothek. Die Deutsche Nationalbibliothek verzeichnet diese Publikation in der Deutschen Nationalbibliografie. Detaillierte bibliografische Daten sind im Internet über http://dnb.d-nb.de abrufbar.

Bildnachweis:

Layoutillustration: Streifenhintergrund: Freepik.de/azerbaijan_stockers | Wischer: Freepik.de/pikisuperstar
Cover: Gettyimages.de/ Keep It 100
Privataufnahmen: Christine Betz: S. 14, 32, 34, 43, 66, 86 | Friedhelm Betz: S. 28, 33, 60, 63, 79, 82, 83, 92, 93 | Sarah Bohnes: S. 18, 29, 31, 69, 80 | Sigrid Diebold: S. 7, 27, 49, 55, 83, 87 | Diana Fischer: S. 18, 38 | Margit Franz: S. 38, 58, 77, 81, 82, 83, 89 | Anne Frey: S. 18 | Nina Groß: S. 65 | Franziska Krämer: S. 17, 21, 51, 79 | Sandra Lukas: S. 19, 59 | Petra Meinhof: S. 10, 13, 19, 23, 71, 74, 85 | Rosemarie Rosenthal: S. 19, 88 | Bernd Schulmeyer: S. 75 | Barbara Strauß: S. 83 | Michaela Ullrich: S. 95 | Annette Weigert: S. 82, 90

Inhalt

Vorwort

Liebe Leserinnen und liebe Leser,

ein tägliches Bedürfnis von Kindern in Kitas ist es sich auszuruhen und zu schlafen, insbesondere wenn die Kinder noch sehr jung sind und lange Verweilzeiten in den Einrichtungen haben.

Wie können Fachkräfte dieses Bedürfnis nach Ausruhen und Schlafen, das für die gesunde Entwicklung von grundlegender Bedeutung ist, in den Einrichtungen qualitätsvoll befriedigen? Welche Konzepte haben Krippen und Kitas, um Kindern eine hohe Schlafqualität zu bieten? Wie einfühlsam werden Kinder in der Schlafsituation von Erwachsenen begleitet? In welcher Weise werden Kinder beteiligt und wie werden ihre persönlichen Vorlieben und Wünsche berücksichtigt? Wie arbeiten Fachkräfte und Eltern vertrauensvoll zusammen, insbesondere wenn sie unterschiedliche Auffassungen haben? Wie gelingen die mit den Schlafsituationen verbundenen Mikro-Transitionen? Sind Raum und Schlafumgebung so gestaltet, dass sich Kinder wohlfühlen und gut zur Ruhe finden können? Wie sieht eine sinnvolle Arbeitsteilung der Fachkräfte aus, wenn sie die Kinder vom Mittagstisch über die Pflegesituation in den Schlafraum begleiten?

Diese Fragen spiegeln die hohe Komplexität der Schlüsselsituation „Ruhen und Schlafen in der Kita" wider. Der Autorin Christine Betz gelingt es in beeindruckend konsequenter Weise die Kinder in den Mittelpunkt ihrer pädagogischen Überlegungen zu stellen. Im Zentrum steht das Wohlbefinden eines jeden Kindes und sein Recht auf achtsame Begleitung und responsive Erwachsene.

Ich bedanke mich bei Christine Betz für ihren reichen Erfahrungsschatz, den sie mit ihrem Buch zur Verfügung und somit zur fachlichen Diskussion stellt. Ich wünsche diesem Buch, dass es zu konstruktiven Diskussionen in Krippen- und Kita-Teams, zur Bestätigung und Weiterentwicklung der pädagogischen Praxis führt.

Margit Franz
Im Januar 2022

Der gesetzliche Rahmen und seine *Bedeutung*

Der gesetzliche Rahmen und seine Bedeutung

Betreuung in Kindertageseinrichtungen steht für Versorgung, Pflege und Bedürfnisbefriedigung. Durch Bildung und Erziehung entwickeln sich Kinder zu eigenverantwortlichen und gemeinschaftsfähigen Persönlichkeiten. Diese Ziele finden sich in allen Bildungsplänen in Deutschland wieder. Betreuung, Erziehung und Bildung sind in der pädagogischen Praxis untrennbar miteinander verbunden. Die Kindertagesstätte leistet somit einen wichtigen Beitrag zur gesellschaftlichen Entwicklung. Sie bildet in Kooperation mit der Familie die Basis für die Entwicklung einer eigenverantwortlichen und selbstbestimmten Persönlichkeit. Zugleich bereitet die Kita auf das Leben in der Gesellschaft mit ihren kulturellen Werten vor. In der Kita erleben Kinder Gemeinschaft und lernen häufig auch alternative Werte und kulturelle Verknüpfungen zur familiären Sozialisation kennen. Kinder erfahren sich in der Kita als Teil einer Gemeinschaft der Vielfalt, die sie mitgestalten und deren Kultur sie mitprägen können.

Die gesetzlichen Grundlagen zur Betreuung von Kindern in einer Kita

Die Grundlage für den Bildungsauftrag der Kitas bilden das Kinder- und Jugendhilfegesetz und die Kita-Gesetze der Länder.

Recht auf Erziehung, Elternverantwortung, Jugendhilfe (§ 1 Absatz 1–3 SGB VIII)

(1) Jeder junge Mensch hat ein Recht auf Förderung seiner Entwicklung und auf Erziehung zu einer eigenverantwortlichen und gemeinschaftsfähigen Persönlichkeit.

(2) Pflege und Erziehung der Kinder sind das natürliche Recht der Eltern und die zuvörderst ihnen obliegende Pflicht. Über ihre Betätigung wacht die staatliche Gemeinschaft.

(3) Jugendhilfe soll zur Verwirklichung des Rechts nach Absatz 1 insbesondere

1. junge Menschen in ihrer individuellen und sozialen Entwicklung fördern und dazu beitragen, Benachteiligungen zu vermeiden oder abzubauen,
2. Eltern und andere Erziehungsberechtigte bei der Erziehung beraten und unterstützen,
3. Kinder und Jugendliche vor Gefahren für ihr Wohl schützen,
4. dazu beitragen, positive Lebensbedingungen für junge Menschen und ihre Familien sowie eine kinder- und familienfreundliche Umwelt zu erhalten oder zu schaffen.

Ganztagsbetreuung – Beleuchtung der Situation

Zunehmend mehr Kinder besuchen in einem immer früheren Lebensalter eine Kindertageseinrichtung. Die Diversität von Alter, Herkunft, Betreuungszeit, besonderen Bedürfnissen aufgrund von kindlichen Entwicklungs- und Verhaltensbesonderheiten wächst kontinuierlich. Dies hat Auswirkungen auf den Alltag in Kitas. Für diese Situation sind Konzepte gefragt, die den gut gelebten Alltag und eine inklusive Pädagogik in den Fokus rücken. Der klassische Kindergarten ist Vergangenheit, die Angebotspädagogik hat ausgedient. Kinder brauchen heute Bezugspersonen, die sie feinfühlig und auf ihre individuellen Bedürfnisse abgestimmt durch den Tag navigieren. Kinder verbringen in Kinderbetreuungseinrichtungen häufig mehr wache Zeit als zu Hause. Diese Tatsache ist bedeutsam im Hinblick auf die qualitative Ausrichtung einer Kindertagesstätte. Längst steht nicht mehr nur „aktiv sein" im Mittelpunkt. Kinder, die Kitas ganztags besuchen, benötigen neben Phasen der Aktivität auch Phasen der Entspannung.

Kinder sind nach den Plänen der Erwachsenen durchgetaktet

Bei einem Teil der Kinder, die morgens sehr früh eine Kindertagesstätte besuchen, ist davon auszugehen, dass sie ihrem Bedürfnis entsprechend nicht ausschlafen konnten, sondern geweckt wurden. Es sei denn, sie sind ausgesprochene Frühaufsteher oder haben sich bereits in den vorgegebenen Rhythmus eingefügt. Den Takt geben Eltern vor, deren Alltag durch Berufstätigkeit und weitere Verpflichtungen häufig durchgeplant ist. Vielen Kindern wird die Anpassung an den Alltag von Erwachsenen abverlangt. Kinder, die morgens gegen ihr Müdigkeitsgefühl ankämpfen und funktionieren müssen, damit alle pünktlich aus dem Haus kommen, erleben einen anstrengenden Tagesbeginn. Wenn sie in der Kita ankommen, steht ihnen der Sinn möglicherweise mehr nach Kuscheln oder Rückzug als nach Action. Wenn der Tag zu früh und gegen den Schlafrhythmus der Kinder beginnt, braucht es die Möglichkeit, den Tag in der Kita entspannt anzufangen. Wenn der Tag für ein Kind jedoch zu lange dauert und es sich nach Papas oder Mamas Zuwendung sehnt, keine Energie mehr für Turnen oder Kreisspiele hat, gilt dasselbe.

Kinder haben das Recht auf Ruhe

Bei Ruhebedarf müssen Kinder zur Ruhe kommen können, unabhängig von der Tageszeit. Ein Kind, das müde ist, hat einen Anspruch auf eine Ruhephase. Es hat das Recht, sich zurückzuziehen und die Nähe einer vertrauten Bezugsperson zu suchen. Vielleicht reicht eine kurze Auszeit und wenn dem nicht so ist, darf es schlafen. Schlafentzug ist ebenso schlimm wie Schlafzwang. Eine besondere Situation im Tagesablauf ist die bedürfnisgerechte Gestaltung der Mittagszeit mit vielen unterschiedlichen Anforderungen an Kinder und Erwachsene.

Die Mittagszeit als Bildungs- und Beziehungszeit verstehen und nutzen

Obwohl immer weniger Kinder unmittelbar vor oder nach der Mittagszeit nach Hause gehen, liegt der Fokus des „Bildungsangebots" in vielen Kitas noch immer auf dem Vormittag. Die Nachmittags-Betreuungszeit steht im Vergleich zur Vormittags-Betreuungszeit meist nicht in einem gleichrangigen Fokus – sie muss irgendwie auch noch bewältigt werden.

Der Auftrag von Bildung und Erziehung gilt auch am Nachmittag

Ein Recht auf Bildung und Erziehung besteht für ein Kita-Kind jedoch ganztägig. Wenn es pädagogischen Fachkräften gelingt, den kompletten Tag inklusive Mittagszeit als Bildungszeit zu gestalten, setzen sie ein grundlegendes Bildungsziel um. Die Wahrnehmung von Eigenverantwortung zu ermöglichen wie auch die Gemeinschaftsfähigkeit zu unterstützen, ist eine anspruchsvolle Aufgabe. Dies gilt insbesondere für die Mittagszeit, wenn die meisten Kinder hungrig und müde sind und die Erwachsenen ihre Mittagspause herbeisehnen.

Mittagszeit ist Beziehungszeit

Gerade über die Mittagszeit ergeben sich viele Chancen, Kinder in ihren sozial-emotionalen Fähigkeiten zu stärken. Durch die sinnlichen Befriedigungsaspekte wie Zuwendung, Nähe, Nahrung, Zusammengehörigkeitsgefühl, Entspannung, Geborgenheit, Ruhe, Wärme entwickeln sich Beziehungen, Vertrauen und Sicherheit. Dies drücken die Aussagen der heute fünf- bis sechsjährigen Kinder aus, die von ihrer „Mittagszeit mit Schlafen" in der Kita erzählen.

Kinder in Kindertagesbetreuung

In deutschen Kindertagesstätten verbringen laut Statistischem Bundesamt 464.393 Kinder unter drei Jahren und 1.131.439 Kinder zwischen drei und sechs Jahren mehr als sieben Stunden pro Tag (Destatis, 2021).

Paul: „Ich bekomme ein leckeres Mittagessen – es duftet lecker, es schmeckt mir, ich liebe den Nachtisch. Als ich klein war, bin ich nach dem Nachtisch in mein kuscheliges Bett gegangen."

Lotta: „Beim Essen sitze ich so gerne neben meiner Freundin. Die Mia erzählt mir dann immer ganz viele lustige Sachen und wir lachen. Mit Mia bin ich auch schlafen gegangen. Unsere Betten standen nebeneinander."

Torben: „Wenn ich satt war, wusste ich, was kommt, nämlich Toilette, waschen, ausziehen, hinlegen, Schlaflied, mit meinem Hündlein kuscheln und einschlafen."

Max: „Sandra (Erzieherin) hat mich im Restaurant abgeholt. Sie hat mir beim Waschen und Ausziehen geholfen. Sie lächelte mich an und flüsterte. Ich mochte es, wie sie mich zudeckte und meine Haare streichelte."

Linus: „Ich mochte mein Bett. Die Bettdecke roch so gut nach Waschpulver, wie zu Hause. Meistens hatte ich Bettwäsche mit Feuerwehrmann Sam. Mein Feuerwehrauto war auch da. Das hat mit mir geschlafen. Lustig, oder?"

Julia: „Wenn ich zu meinem Bett ging, brannte die goldene Lampe und da war leise Musik. Ich freute mich auf die Geschichte. Leo lag immer neben mir. Er winkte mir zu."

Mustafa: „Auf meinem Kopfkissen lag die Schnullerdose, mit meinem allerliebsten Schnuller. Auf den habe ich mich immer gefreut. Manchmal habe ich ihn sogar geküsst. Jetzt liegt er zu Hause in meiner Erinnerungskiste."

Alex: „Wenn ich wach wurde, schaute ich mich um. Meistens waren schon alle aufgestanden. Das machte mir nichts aus. Ich blieb liegen und spielte mit meinem Kuschelhasen. Meistens kam dann die Nina oder die Sandra. Sie hat mich gefragt, ob ich einen Nachmittagsimbiss will. Dann habe ich gefragt, was es gibt. Wenn es Kuchen oder Eis war oder was anderes, was ich gerne esse, habe ich mich beeilt. Auch wenn ich langsam war, stand noch ein Teller auf dem Schrank. Da stand ‚Reserviert für Alex' drauf."

Lena: „Wenn die Sandra sich über mich beugte, kitzelten ihre langen Haare mein Gesicht. Dann mussten wir beide lachen. Ich mag sie."

Positive Erfahrungen sind die Grundlage für Vertrauen

Die Aussagen der Kinder zeigen, dass sie in ihrer Kita offensichtlich die Erfahrung machen konnten, dass ihre wichtigsten Bedürfnisse erfüllt wurden. Aus positiven wertschätzenden Beziehungen wächst Vertrauen. Aus Vertrauen wächst Sicherheit. Wenn ich mich sicher fühle, kann ich mich weiterentwickeln, explorieren, lernen, mich mitteilen, mich beteiligen und somit meinen Selbstwert spüren.

In den Statements der Kinder spielen die Bedürfnisse nach Schutz und beständigen liebevollen Beziehungen, individueller Wahrnehmung sowie Strukturen und einer stabilen Umgebung eine große Rolle. Diese Erfahrungen machen Kinder stark. Sie entwickeln Mut, sich auf Neues einzulassen, die Welt zu entdecken und offen zu sein für die interessanten Erfahrungen, welche die Lern- und Bildungsräume ihrer Kita ermöglichen.

Wenn das für Sie als Fachkraft ein einleuchtender Grund ist, sich näher mit der Mittagszeit zu befassen, lesen Sie unbedingt weiter. In so mancher Kindertageseinrichtung steht diese Mittagszeit noch unter dem Motto „Augen zu und durch!". Bringen Sie der Mittagszeit mehr Beachtung und Wertschätzung entgegen, es lohnt sich für alle beteiligten Akteure.

Das Kind im Mittelpunkt

Das Kind im Mittelpunkt

Wenn pädagogische Fachkräfte das Kind in den Mittelpunkt stellen, können sie seine Bedürfnisse im Hinblick auf das Thema „Schlafen“ relativ einfach regeln: Wer munter ist, der spielt. Wer müde ist, der schläft. Wer sich ausruhen möchte, macht dies von sich aus oder wird darin unterstützt, wenn nötig – das hört sich zunächst einfach und unkompliziert an. Dennoch lohnt es sich, genauer hinzuschauen, denn in diesen alltäglichen Situationen stecken weitreichende Bildungsanlässe für ein Kind, zum Beispiel: Woran merke ich, dass ich müde bin und eine Pause brauche? Wie erkenne ich meine Bedürfnisse und wie teile ich sie mit? Wie kann ich lernen, gut für mich zu sorgen?

Wenn …

- Anna und Lukas ein tiefes Loch graben und dabei fette Regenwürmer aufspüren,
- Greta ausprobiert, wie oft sie die Rutschbahn hinunterrutschen und wieder hinaufklettern kann,
- Marie sich heute traut, Jasmin, Mia und Jonas zu fragen, ob sie mitspielen darf,
- Maylin und Klara einen schwierigen Streit allein wieder beilegen,
- Carlos nach langer Eingewöhnungsphase seinen Kita-Tag ohne Mama und Papa bewältigen kann,
- Max und Muhammad einen Riesenberg an Frühstücksgeschirr abtrocknen und dann auch noch den Tisch für das Mittagessen decken,
- Moritz, Ferdinand, Mila aus einem riesigen Pappkarton eine Burg bauen,

dann kann es sein, dass einige von diesen Kindern müde werden und eine Erholungspause brauchen.

Erfahrungen und Erkenntnisse, die Kinder zu diesen wichtigen Fragen gewinnen, wirken sich auf ihre Lebensqualität und ihr späteres Erwachsenenleben aus. Bildung steckt eben nicht nur in Aktivität, sondern in einer guten Balance von Aktivität und Ruhe. Zwei Seiten einer Medaille! Allerdings erfährt die aktive Seite in unserer Gesellschaft eine wesentlich höhere Anerkennung. Besonders anerkannt sind Menschen, die ohne Pause auskommen und immer in Bewegung sind. Viele Fachkräfte sind auf diese Weise sozialisiert und lernen erst im späteren Erwachsenenalter, dass auch Pausen zum Leben gehören.

Das Grundbedürfnis nach Ruhe und Aktivität

Im Kindergartenalltag sind Kinder in vielfältiger Weise gefordert. Ihr Grundbedürfnis nach Aktivität macht sie zu aktiven Forschern und unermüdlichen Weltentdeckern. Der Motor ist ihr Explorationsverhalten, angetrieben durch Neugier. Kinder streben nach eigenaktiven Erfahrungen. Sie wollen sich orientieren, ihre Umwelt verstehen und gestalten. Zu ihrer Erkenntnis der Welt gehören vielfältige Erfahrungen. Daraus wächst Wissen über sich selbst und andere Kinder, über Erwachsene, die in ihrem Leben eine Rolle spielen, sowie über ihre Umwelt.

Schlaf und Erholung sind lebenswichtig

Müdigkeit bringt ein Kind in ein physisch-psychisches Ungleichgewicht. Ruhe und Erholung helfen Kindern, Reize zu verarbeiten, zu neuen Kräften zu kommen, zu entspannen und sich zu regenerieren. Diese wichtigen Erholungs- und Schlafphasen unterstützen die Verarbeitung von Informationen und folglich Lern- und Bildungsprozessen. Kinder in Krippen und Kitas brauchen verschiedene Angebote mit ausreichenden Zeiten für Erholung und Schlaf. Wie sich Erholungs- oder Schlafphasen gestalten und wie lange sie dauern, ist von Kind zu Kind unterschiedlich. Am besten findet ein Kind zu seinem inneren Gleichgewicht, wenn seine individuellen Bedürfnisse achtsam wahrgenommen und unterstützt werden.

Die Kinder im Beispiel rechts verfügen über ein gutes Kohärenzgefühl, das sie in der Erfüllung ihrer Ruhe- und Entspannungsbedürfnisse unterstützt. Sie haben Strategien entwickelt, sich selbst zu regulieren, und Antworten auf drei innere Fragen gefunden:

1. Was brauche ich jetzt?
2. Was kann ich tun, damit ich mich besser fühle?
3. Womit habe ich gute Erfahrungen gemacht?

Ihre Antworten fallen unterschiedlich aus. Hier wird deutlich, dass jedes Kind aufgrund seiner Vorerfahrungen individuelle Strategien ableitet. Als Pädagog:innen sind wir gefordert, diese Individualität wahrzunehmen, anzuerkennen und durch unser Antwortverhalten zu würdigen. Damit stärken wir Kinder in der Entwicklung ihrer Kohärenzfähigkeit. Sie hilft Kindern, die Welt zu verstehen, die Aufgaben, die das Leben stellt, zu handhaben und die Sinnhaftigkeit des eigenen Handelns einzuschätzen. Die Kinder im Beispiel haben bereits gelernt, auf Unstimmigkeiten wie aufkommende Müdigkeit angemessen zu reagieren, indem sie sich eine Ruhepause organisieren und ihre eigene Energie kurzzeitig nach innen richten. So erlangen sie eine neue Stimmigkeit.

Ruhe und Erholung sind individuell

Lukas streckt sich auf der Wiese kurz aus. Er beobachtet die Wolken und liegt dabei ganz still.

Greta legt sich auf die Decke, macht die Augen zu und genießt die Sonnenstrahlen.

Max legt sich nach dem Tischdecken auf die Bank im Kinderrestaurant. Er schaut aus dem Fenster und lauscht den Geräuschen aus der Küche.

Marie holt „Mausi" aus ihrem Garderobenschrank und nagt ein wenig an ihren Ohren. Das nimmt ihr die Anspannung.

Moritz, Ferdinand und Mila haben sich Decken und Kissen in ihre Burg geholt und gönnen sich eine gemeinschaftliche Pause.

So zeige ich dir, wenn ich müde bin

- Ich zupfe an meinem Ohrläppchen.
- Ich spiele mit meinen oder deinen Haaren.
- Ich lege meinen Kopf auf deinen Schoß.
- Ich will auf deinen Arm.
- Ich verlange nach meinem Schnuller, Schmusetuch, Kuscheltier.
- Ich reibe mir die Augen.
- Ich kaue am Ärmel meines Pullovers.
- Ich zwinkere vermehrt mit meinen Augen.
- Ich weine ohne ersichtlichen Grund.
- Ich höre auf zu spielen und starre geradeaus.
- Ich stütze meinen Kopf mit dem Ellbogen ab.
- Ich stolpere einfach so und falle hin.
- Ich remple Möbel oder andere Kinder ohne Absicht an.
- Ich lasse mich schwer beruhigen, wenn etwas schiefgelaufen ist.
- Ich nuckle an meinem Daumen.
- Ich halte mir die Ohren zu.
- Ich renne planlos durch die Gegend.
- Ich frage ständig nach meiner Mama.
- Ich beiße und kneife andere Kinder.
- Ich lege mich mitten auf den Fußboden.
- Ich bin völlig aufgedreht.
- Ich nörgele ohne Grund ständig herum.
- Ich schaue durch alle hindurch.

Was passiert während des Schlafens?

Cortisol ist ein Stresshormon und gehört zu den körpereigenen Hormonen, die in der Nebennierenrinde gebildet werden. Während des Schlafens senkt sich im Körper des Kindes der Cortisolwert. Kommt das Kind über Mittag nicht zur Ruhe, hat es mit erhöhten Stresswerten zu kämpfen. Dies stellt eine Belastung für das Kind dar. Des Weiteren ist aber auch wichtig, dass während des Schlafens das Kind all die Eindrücke, die es am Vormittag erlebt und gesammelt hat, verarbeitet. Hierzu verbinden sich täglich viele Synapsen im Gehirn, die dazu beitragen, dass das Gehirn des Kindes bis zum vollendeten siebten Lebensjahr wächst.

Das Schlafbedürfnis von Kindern ist individuell

Mit ihren Sinnen nehmen Kinder die Welt in sich auf. Dabei wirken sie sehr engagiert und ihre „Antennen" zur Weltaneignung sind unermüdlich auf Empfang geschaltet. Um die Vielfalt an Eindrücken zu verarbeiten, brauchen Kleinkinder ausgewogene Ruhe- und Schlafzeiten. Ihr Schlaf- und Wachrhythmus kann sehr unterschiedlich sein. Als Faustregel gilt: Je jünger Kinder sind, desto mehr Schlaf brauchen sie. Mit zunehmendem Alter verringert sich der Schlafbedarf. Während ein drei Monate altes Baby noch etwa 15 Stunden schläft, genügen einem vierjährigen Kind 12 Stunden.

Nach dem ersten Lebensjahr verringert sich vor allem der Tagesschlaf. Doch auch hier gibt es von Kind zu Kind starke Unterschiede. So machen im zweiten Lebensjahr die meisten Kinder noch zwei Tagesschläfchen, wohingegen manche Kinder bereits mit zwei Jahren auf das Tagesschläfchen verzichten.

Wenigschläfer und Vielschläfer

Kennen Sie Kinder aus Ihrem pädagogischen Alltag, auf die ein sehr unterschiedliches Schlafverhalten zutrifft? Ich sehe den zweieinhalbjährigen Florian vor mir. Morgens steht er energiegeladen und munter auf der Matte und fragt: „Was ist heute los?" Mit der gleichen Energie spielt er um 10:00 Uhr im Bewegungsraum und baut eine Stunde später eine Kugelbahn auf. Um die Mittagszeit fährt er mit dem Bobbycar über das Gelände. Keine Spur von Müdigkeit! Dass sein gleichaltriger Freund Ben freudig ins Bett verschwindet, ist Florian suspekt. Florian will die Welt erobern und findet den Mittagsschlaf schlichtweg überflüssig. Manchmal kuschelt er für wenige Minuten, aber danach geht es wieder weiter. Die großen Jungs bauen einen Turm, da muss er zuschauen. Außerdem muss er die Puppe noch spazieren fahren, den Zaun reparieren und für alle Essen kochen. Florian ist viel beschäftigt und ein typischer Wenigschläfer.

Ben spielt bereits um 10:00 Uhr an seinem Ohrläppchen und signalisiert: „Ich brauche Schlaf." Als Vielschläfer will er auf keinen Fall auf ein zweites Tagesschläfchen verzichten. Sowohl Florian wie auch Ben sind beide sehr ausgeglichene, entdeckungsfreudige und fröhliche Kinder. Wenn die beiden eine Kita besuchen würden, in der alle zur gleichen Zeit schlafen müssten? Nicht auszudenken! Schlafentzug für Ben und Schlafzwang für Florian wären der falsche Weg. Das würde sowohl für die Kinder als auch die erwachsenen Bezugspersonen einiges an Stress bedeuten. Es ist auch gar nicht nötig, das Schlafverhalten eines Kindes verändern zu wollen, solange es am Tag nicht durch weinerliches und unausgeglichenes Verhalten auffällt oder halbe Nächte wach bleibt.

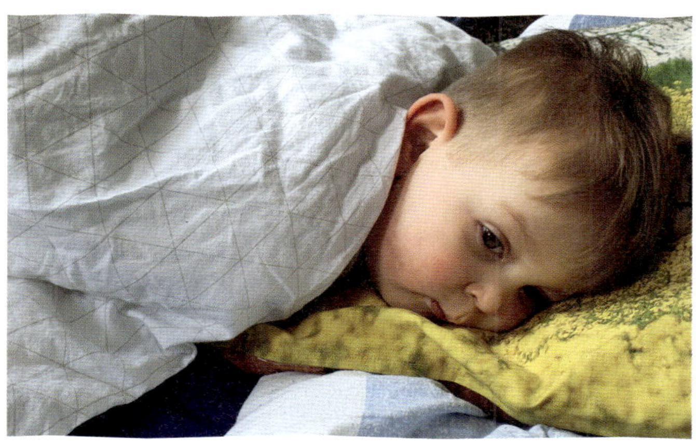

Olivia und Mareike gönnen sich eine Draußenpause und machen es sich im Blätterbett gemütlich.

Ein Liegestuhlpolster und zwei Pullover als Decke – das reicht für einen Powernap.

Jetzt ist Entspannung angesagt!

Auf einem stabilen Ast relaxt es sich besonders gut.

Jana nutzt eine kurze Spielpause für ein Nickerchen – ihr Hund Wuffel ist natürlich dabei!

Dick eingepackt schläft Freda tief und fest.

Die Kompetenz der Selbstregulation

Die Fähigkeit der Selbstregulation wirkt sich auf das Leben von Kindern weit über die Kita-Zeit hinaus aus. Wer nicht abwarten kann, ständig dazwischenspricht und sich nicht als Teil einer sozialen Gemeinschaft wahrnimmt, wird es künftig schwer haben, Anerkennung zu erfahren und dauerhafte Freundschaften zu schließen. Lehrkräfte schätzen Kinder, die in ihrer Selbstregulation hohe Kompetenzen zeigen. Prof. Dr. Christina Jasmund weist auf den unmittelbaren Zusammenhang zwischen schulischem Erfolg und guter Selbstregulation hin: „Kinder mit guter Regulationsfähigkeit erfahren größere Anerkennung bei Peer- und Bezugspersonen und haben nachgewiesen bessere Schulentwicklungen und erfolgreichere berufliche Karrieren" (Jasmund, 2014).

Praxisbeispiel

Carlos ist müde und hat seinen Kuschelbären verloren

Carlos findet seinen Kuschelbären mal wieder nicht und möchte, dass ich ihn suche. Er wirft sich vor mir auf den Boden, zieht an meinem Hosenbein und schreit nach seinem Bären, so laut er kann. Ich bin gerade damit beschäftigt, Klaras Hosenknopf zu öffnen. Das erkläre ich ihm und bitte um einen Moment Geduld. Ich verstehe, was Carlos von mir möchte, bin aber mit der Art der Äußerung seines Bedürfnisses nicht einverstanden. Mein Ziel ist, dass Carlos seinen Wunsch nach Hilfe angemessen äußert, zum Beispiel: „Christine, hilfst du mir, meinen Bären zu suchen, ich brauche ihn zum Schlafen." Diese Situation feinfühlig zu entschärfen und trotzdem die Regel im Umgang miteinander zu verdeutlichen, braucht Zeit, Energie und Geduld. Carlos' Recht auf die Wahrnehmung seines Bedürfnisses (des Bären zum Kuscheln), die Art seiner Kommunikation (Schreien) und die Selbststeuerung (nicht abwarten können und am Hosenbein ziehen) kollidieren mit der Notwendigkeit, sich an kulturelle Normen und Kommunikationsregeln (freundlich zu fragen) zu halten. Sich selbst zwischen Bedürfnisaufschub und Bedürfnisbefriedigung zu regulieren, ist für Carlos ein wichtiges Lernziel (wenn Klaras Hosenknopf offen ist, bin ich an der Reihe).

Wenn Kinder mittags das Bedürfnis nach Ruhe, Schlaf und Erholung verspüren – welche Chancen eröffnen sich für Kinder in diesem Tagesabschnitt, um ihre Kompetenzen der Selbstregulation zu stärken? In dem Beispiel auf der linken Seite geht es um die Wahrnehmung der individuellen Bedürfnisse sowie um eine funktionierende soziale Gemeinschaft: Carlos braucht Hilfe bei der Suche nach seinem Bären, muss aber warten, bis Klara versorgt ist.

Persönliche und gemeinschaftliche Bedürfnisse können kollidieren

Im Hinblick auf die eigene Persönlichkeitsentwicklung lässt sich Carlos' Recht auf die Wahrnehmung seines Bedürfnisses ableiten. Weiterhin ist es sein Recht, dieses Bedürfnis so mitzuteilen, dass es wahrgenommen und befriedigt wird. Im Hinblick auf die Gemeinschaftsfähigkeit steht Carlos' individuellem Bedürfnis die Notwendigkeit entgegen, sein Bedürfnis in angemessener Weise zu äußern und Klaras Recht auf Unterstützung anzuerkennen. Die Anforderung an Carlos ist einerseits, die Regeln in der Kita einzuhalten und sich andererseits in der Selbstregulation von Bedürfnisaufschub und Bedürfnisbefriedigung zu üben.

Eigenverantwortung und Gemeinschaftsfähigkeit

Wie passt das zusammen? Schließt das eine das andere nicht aus? Wenn ich für zehn Kinder zuständig bin, kann das ja gar nicht funktionieren, dass ich alle unterschiedlichen Bedürfnisse zu jeder Zeit erfülle, oder? Schnell kommt ein Überforderungsgefühl auf, das unter Umständen in Stress mündet. Alle pädagogischen Fachkräfte wissen, dass Erwartungen und Vorstellungen aufeinanderprallen, die kaum zu erfüllen sind. Die Fachkraft versucht sich im Spagat und kommt gegen dieses Dilemma kaum an. Dabei gehört es auch zu unserer pädagogischen Aufgabe, das Spannungsfeld aus Nähe und Distanz, Bedürfnisbefriedigung und Aufschub zu handhaben. Dazu gehört das Aushalten unangenehmer Situationen – sowohl für Kinder als auch Erwachsene: Auch wenn es schlimm ist, dass Carlos so nach seinem Bären weinen muss, ich habe nur zwei Hände und jetzt gehört meine Aufmerksamkeit für diesen Moment ganz allein Klara. Ich schenke ihr ein Lächeln und begleite sprachlich, was ich tue. Klara lächelt zurück und freut sich, dass sie jetzt, nachdem der Knopf offen ist, allein ihre Hose ausziehen kann. Glücklich führt sie es mir vor.

Frustrationen sind nicht immer zu vermeiden – gut so!

Betrachten wir sie als wertvolle Erfahrungen, sind Frustrationen für eine positive Entwicklung notwendig, denn sie bieten Kindern individuelle Wachstumschancen. In der Auseinandersetzung mit Schwierigkeiten und Belastungen entwickeln Kinder neue Kompetenzen und Strategien. Sie gewinnen an Selbstvertrauen, wenn sie Herausforderungen meistern. Als pädagogische Fachkräfte können wir die Kinder feinfühlig und zugewandt dabei unterstützen und sie durch die Höhen und Tiefen anstrengender Alltagssituationen begleiten.

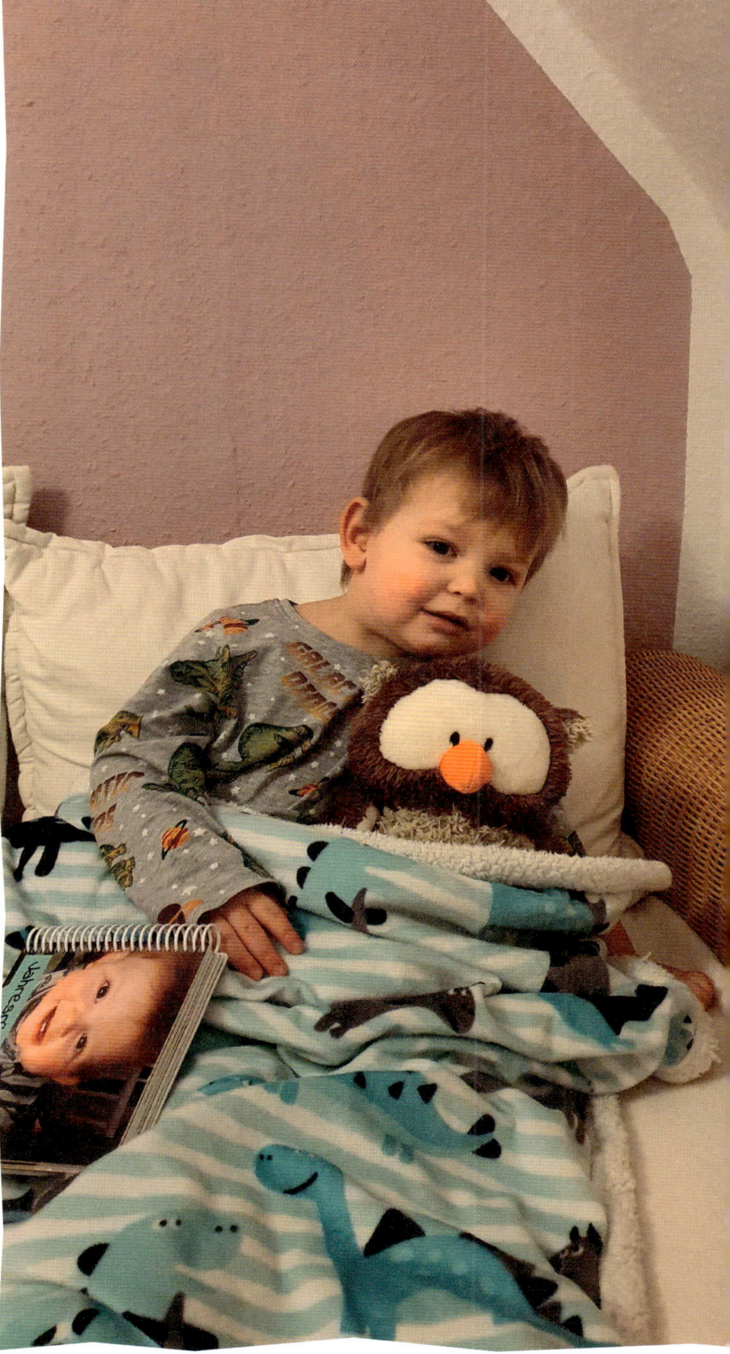

So geben wir ihnen einen Schatz für ihr Leben mit. Dieser Schatz nennt sich sozial-emotionale Kompetenz. Er stärkt Kinder in ihrer Resilienz und bildet wichtige Schutzfaktoren für ihre Gesundheit im Sinne der Salutogenese.

Aus Frustrationen entstehen kreative Lösungen

Zurück zum Beispiel: Carlos hat eine interessante Lösungsstrategie entwickelt. Wenn er morgens in die Kita kommt, steuert er als Erstes den Schlafraum an und bringt seinen Teddy zu Bett. So braucht er mittags niemanden mehr, der ihm beim Suchen hilft. Seine große Schwester Ida hat ihn auf diese Idee gebracht. Als Schulkind richtet sie jeden Abend ihren Schulranzen, damit sie morgens nichts suchen muss. Sie war in diesem Fall für Carlos ein sehr gutes Lernmodell. Wenn er mittags vor seinem Bett steht, freut sich Carlos jeden Tag aufs Neue, dass sein Teddy bereits auf ihn wartet.

Für Carlos ist es wichtig, dass er nun aufmerksame Wertschätzung erfährt: „Carlos, da hast du eine gute Idee gehabt, dass du deinen Bären morgens in dein Bett bringst und ihn nicht mehr suchen musst." Durch das Kommentieren seiner erfolgreichen Strategie stärke ich Carlos. Ich mache ihm bewusst, dass er einer Situation nicht hilflos ausgeliefert ist, sondern sie durch sein Verhalten planen und steuern kann.

Klara kann ihren Hosenknopf jetzt selbst öffnen. Es hat sich also gelohnt, dass ich ihr den Knopf nicht nebenbei aufgemacht habe, sondern mir dafür etwas Zeit genommen habe – ein wichtiger Kontaktmoment und eine bedeutsame Investition in unsere Beziehung!

Selbstregulation

Selbstregulation ist die Vereinbarung persönlicher Ziele mit sozialen Werten und Normen. Sie zeigt sich darin, wenn Kinder über die Fähigkeit verfügen, ihre Gedanken, Emotionen und Handlungen an eine bestimmte Situation anzupassen, um so auf bestmöglichem Weg ihr Ziel zu erreichen.

Salutogenese

Den Begriff *Salutogenese* hat der Medizinsoziologe Aaron Antonovsky geprägt. Er beschreibt die Entstehung und Erhaltung von Gesundheit. Antonovsky erforschte die Faktoren, die Menschen trotz schwieriger Lebens- und Arbeitsbedingungen gesund halten. Die Bewertung der eigenen Gesundheit ist von der individuellen Einschätzung abhängig, wie stressig, gefährlich oder herausfordernd man Situationen erlebt.
Zur Stressbewältigung brauchen Menschen Widerstandsressourcen. Das können z. B. ein positives Selbstwertgefühl, der Zugang zu Arbeit und Geld oder soziale Beziehungen sein. Wie gut es Menschen gelingt, belastende Situationen zu bewältigen, ist stark von den Vorerfahrungen abhängig: Laut Antonovsky drückt sich die Lebenseinstellung eines Menschen im Kohärenzgefühl aus. Ist dies gut ausgeprägt, vertraut der Mensch darauf, dass er Ereignisse verstehen kann, sich Herausforderungen bewältigen lassen und, dass es lohnenswert ist, zu handeln. Studien zeigen, dass ein hohes Kohärenzgefühl die psychische Gesundheit positiv stärkt. Das Besondere am Modell Antonovskys ist, dass er den Fokus auf die Stärkung der Gesundheit und nicht auf die Krankheit lenkt.

Kind- oder familienzentrierte Schlafsozialisation

Kindzentriertes Zubettbringen

Westliche Kulturen favorisieren eine auf Autonomie ausgerichtete Erziehung. Selbstständigkeit und Selbstverwirklichung stehen im Vordergrund der Persönlichkeitsentwicklung. Kinder sollen frühzeitig lernen, sich selbst zu beschäftigen, sich eigenständig zu regulieren und ihren persönlichen Interessen nachzugehen (vgl. Borke, 2018, S. 31). In unserer Kultur arbeiten Eltern in der Regel darauf hin, dass ihre Kinder selbstgesteuerte Einschlafstrategien entwickeln, im eigenen Bett oder gar im eigenen Zimmer einschlafen. Schnuller, Kuscheltiere und Spieluhren sollen die Eltern als Einschlafhelfer ersetzen. In industrialisierten Gesellschaften ist die Ansicht weit verbreitet, dass Kinder feste Schlafzeiten brauchen. Deshalb gewöhnt man sie frühzeitig daran, täglich zum gleichen Zeitpunkt ins Bett zu gehen. Einschlafrituale unterstützen den Ablauf. Rhythmisierte Tagespläne und -termine machen die entsprechende Strukturierung von Schlafzeiten sinnvoll und notwendig. Als angemessene abendliche Zubettgehzeit gilt im Kleinkind- und Vorschulalter die Zeit zwischen 19:00 und 20:00 Uhr. Damit es gelingt, dieses abendliche Zeitfenster einzuhalten, regulieren Familien häufig den Mittagsschlaf ihres Kindes.

Familienzentriertes Zubettgehen

In nichtindustrialisierten Gesellschaften und in südländischen Siesta-Kulturen, die zeitlich weniger konsequent getaktet sind, orientieren sich Schlafzeiten eher am Rhythmus der Familie, am Tageslicht und an der Temperatur. In weiten Teilen der Welt ist das gemeinsame Schlafen mit anderen Familienmitgliedern in einem Raum oder sogar in einem Bett normal. In vielen Ländern gehen die Kinder mit ihren Eltern oder mit ihren älteren Geschwistern zu Bett. Das Familienleben findet am Abend statt. Ziehen sich die Bettzeiten hinaus, legen sich Kinder in der Nähe ihrer Bezugspersonen zum Schlafen hin oder werden zu Bett gebracht, wenn die Schlafzeit für die Eltern gekommen ist. Statt Kuscheltier, Schnuller oder Spieluhr dient der menschliche Körperkontakt als wichtige

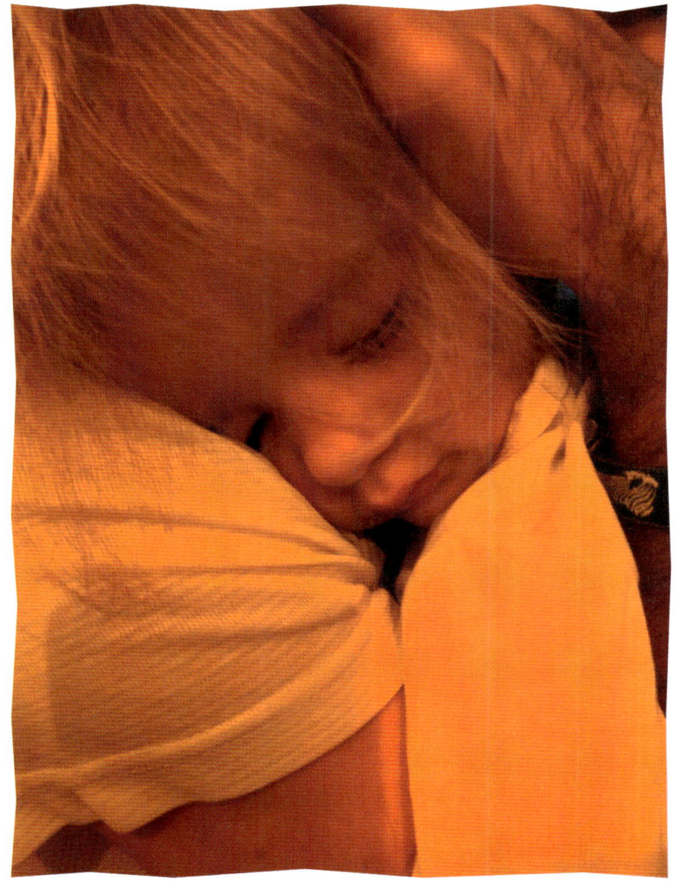

Co-Sleeping

Die Idee des Co-Sleepings geht zurück auf den amerikanischen Kinderarzt William Sears, der sich auch für das Stillen des Kindes nach Bedarf sowie das häufige Tragen am Körper einsetzt. Übrigens kein neues Phänomen: Bereits Jäger- und Sammlerkulturen, die tagsüber ständig unterwegs waren, stärkten über das gemeinsame Schlafen den gemeinschaftlichen Zusammenhalt.

Einschlaf- und Regulierungshilfe. Wer abends spät ins Bett geht, steht eventuell später auf, der Mittagsschlaf, die Siesta, ist fester Bestandteil im Tagesablauf.

Elternschaft im Wandel

Die westliche Mittelschichtphilosophie, dass ein Kind selbstverständlich allein in seinem Bett schläft, ist ins Wanken gekommen. Anne-Christin Sievers beschreibt den Trend zum Familienbett (Sievers, 2021, S. 53). Ausgangspunkt sei dafür die bedürfnisorientierte Erziehung, bei der die Bindung der Eltern zum Kind im Fokus steht und damit ein verändertes Verhältnis von Eltern zu ihren Kindern. Eltern nehmen heute die Beziehung zu ihrem Kind verstärkt als innige, positive, emotionale Beziehung wahr, in der Körperkontakt, Vertrauen und Sicherheit einen hohen Stellenwert besitzen. Familien leben heute stärker denn je im Spagat zwischen Beruf, Familie, Haushalt. Die Folge ist, dass Kinder über eine lange Zeit des Tages fremdbetreut werden. Der Wunsch nach Qualitätszeit mit dem Kind und der Anspruch, alles unter einen Hut zu bekommen, führen ins Dilemma. Anspruch und Wirklichkeit differieren. Eltern sehen in diesem Zusammenhang die Möglichkeit, den Kindern über das gemeinsame Schlafen im Familienbett Nähe und Zuwendung zu geben.

Kultursensible Schlafarrangements in Krippe und Kita

Kitas sind Orte der kulturellen Vielfalt. Alle Menschen, die zur Kita-Gemeinschaft gehören, bringen unterschiedliche Prägungen aus der eigenen Familie, aus Institutionen, aus Herkunftsregionen und -ländern mit. In der Kita begegnen sich Kinder, die in unterschiedlichen Familienkonstellationen, Lebenszusammenhängen und kulturellen Kontexten leben. Wenn Kinder in die Kita kommen, haben sie bereits ein bestimmtes Schlafverhalten auf Basis ihrer persönlichen Familienkultur entwickelt. Es ist also davon auszugehen, dass in einer Kita Kinder mit unterschiedlichen Schlaferfahrungen und Schlafgewohnheiten sowie Eltern mit verschiedenen kulturellen Konzepten bezüglich der Gestaltung von kindlichen Schlafsituationen aufeinandertreffen. Daraus leiten sich unterschiedliche Erwartungen, Vorstellungen und Wünsche ab.

Für pädagogische Fachkräfte ist es gut, sich diesen Sachverhalt bewusst zu machen. Dieses Wissen erleichtert uns den Blick über den Tellerrand. Das Verständnis für die elterlichen Sichtweisen und kindlichen Vorerfahrungen wächst und erleichtert neben der bedürfnisorientierten Schlafbegleitung auch die Kooperation mit Eltern.

Praxisbeispiel

Ein Blick in den Schlafraum in der Kita

Carlos umarmt seinen Bären, reibt seine Nase an dessen Ohr und schläft unmittelbar nach dem Zubettbring-Ritual ein. Klara nimmt den Daumen in den Mund und nuckelt zufrieden. Sie greift auf eine Methode der Selbstregulierung zurück, die sie, wie alle Kinder, bereits im Mutterleib gelernt hat. Mike lutscht an seinem Schnuffeltuch und Emma kuschelt mit Katzi. Carlos, Klara, Mike und Emma sind allein schlafen gewohnt. Sie profitieren von ihren Übergangsobjekten und einer individuellen Gestaltung des Schlafarrangements. Sie haben sich ihren Schlafplatz selbst ausgesucht und gewählt, neben wem sie liegen möchten. Diese Kinder sind mit festen Schlafzeiten vertraut.

Maylin wartet, bis Erzieherin Annika allen anderen Kindern den Traumsand des Sandmännchens in die Augen gestreut hat. Sie ist immer als Letzte dran. Annika hat dann Zeit, sich neben sie zu setzen. Maylin möchte Annikas Nähe spüren und ihre Hand halten. Dann kann sie sich entspannen und einschlafen. Sie ist das Einschlafen in unmittelbarer Nähe zu anderen Personen mit Körperkontakt gewohnt. Maylin war zu Beginn durch feste Schlafzeiten und ihre Mitbestimmungsmöglichkeiten irritiert. Gemeinsam hat Erzieherin Annika mit den Eltern herausgefunden, was Maylin braucht, um zufrieden einschlafen zu können. Jetzt freut auch sie sich über den Traumsand des Sandmännchens und schläft wohlig mit Annikas Hand in ihrer Hand ein. Eigentlich ganz einfach und äußerst wirksam.

Beispiele für selbstreguliertes Einschlafen:

- Am Schnuller saugen.
- Mit dem Teddy kuscheln.
- Am Daumen oder Schmusetuch nuckeln.
- An den Haaren drehen.
- Den Körper schaukeln.
- Sich selbst streicheln.
- Singen, summen, sprechen.
- Im Bett turnen.

Beispiele für durch Personen reguliertes Einschlafen:

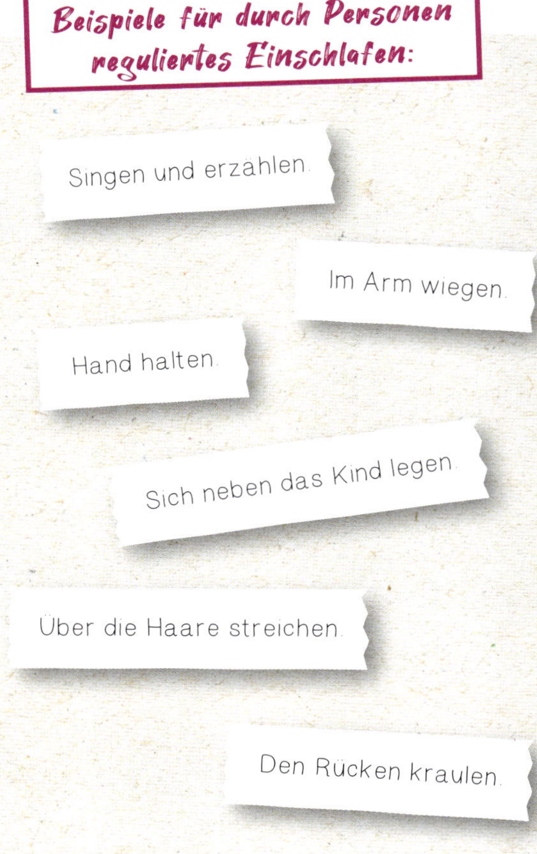

Auffälligkeiten während der Schlafsituation

Es kann sein, dass Ihnen während der Schlafbegleitung körperliche Besonderheiten bei Kindern auffallen. Zum Beispiel:

- Mila schläft mit weit offenem Mund.
- Linus schnarcht.
- Emmi knirscht mit den Zähnen.
- May wacht immer schweißgebadet und mit nassen Haaren auf.
- Ella schläft sehr unruhig und fällt häufig aus dem Bett.
- Leon zuckt beim Einschlafen.
- Alba hat kurze Atemaussetzer.

Teilen Sie Ihre Beobachtungen zur Sicherheit den Eltern mit. Möglicherweise sind sie harmlos und bereits ärztlich abgeklärt. Vielleicht besteht aber Handlungsbedarf und die Eltern sind dankbar für Ihre Rückmeldung.

Schlafstörungen und Alpträume können ihre Ursache in traumatischen Erfahrungen und Erlebnissen haben. Davon betroffen sind häufig Kinder mit Flucht- oder Gewalterfahrung. Auch der plötzliche Tod eines geliebten Menschen, ein dramatischer Verkehrsunfall oder eine Katastrophe können ein Trauma auslösen. Möglicherweise lassen die Symptome nach, wenn sich das Kind dauerhaft in Sicherheit fühlt. In jedem Fall ist der intensive Austausch mit den Eltern und die Zusammenarbeit mit Fachdiensten oder Therapeuten notwendig.

Kleine Veränderungen wirken sich aus

Und dann gib es noch die ganz alltäglichen Situationen, die Sie bestimmt aus Ihrer Praxis kennen. Dazu die Geschichte von Lorenz: Lorenz verweigert seit Kurzem das Schlafen in der Kita. Es stellt sich die Frage, woran das liegt. Die Antworten finden sich in der Beobachtung und in der Kommunikation mit dem Kind, im kollegialen Austausch sowie im Gespräch mit den Eltern.

Gründe können sein:

- Lorenz verfügt über genügend Nachtschlaf und ist tagsüber nicht mehr müde.
- Lorenz' Freunde schlafen nicht mehr und er hat Angst, etwas zu verpassen.
- Die Familiensituation hat sich verändert und wirkt sich auf Lorenz aus.
- Lorenz träumt schlecht und hat Angst, ins Bett zu machen.
- Lorenz mag das Kind, das neben ihm schläft, nicht.
- Die Bettdecke kratzt.

Im Gespräch mit Lorenz Eltern stellt sich heraus, dass der Vater eine neue Arbeitsstelle mit kürzeren Fahrzeiten hat. Infolgedessen ist er abends früher zu Hause. Somit findet das Abendessen eher statt und Lorenz geht eine Stunde früher ins Bett. Wegen der kürzeren Fahrzeit kann der Vater Lorenz morgens später wecken, um ihn auf dem Arbeitsweg zur Kita zu bringen. Es ist nachvollziehbar, dass Lorenz aufgrund dieser Situation mittags nicht mehr müde ist. Sein Bedürfnis, mit den Freunden Lego zu bauen, ist verständlich.

Der Weg zu geborgenen Ausruhzeiten:

Das Team im Spannungsfeld

Der Weg zu geborgenen Ausruhzeiten: Das Team im Spannungsfeld

In der kurzen Zeitspanne von etwa zwei Stunden, der Mittagszeit, hat ein Krippen- oder Kita-Team vielfältige Anforderungen unter einen Hut zu bringen und professionell zu lösen: Kinder werden abgeholt, Teammitglieder haben Dienstschluss oder Mittagspause, es muss aufgeräumt und vorbereitet werden, die Kinder essen, Körperpflege steht an und schlussendlich auch der Mittagsschlaf.

Damit verbunden sind koordinative Absprachen. Übergaben brauchen Zeit und Aufmerksamkeit, damit wichtige Infos nicht verloren gehen. Dass es sich hier um eine anspruchsvolle Tageszeit handelt, streitet niemand ab, der in einer Kita gearbeitet hat. Die unterschiedlichsten individuellen Bedürfnisse warten auf Befriedigung. Eine Mittagszeit, die bedürfnisorientiert organisiert ist, funktioniert nur, wenn sich ein Team einig ist und an einem Strang zieht.

Das Team ist das sichere Netz für die Kinder

Eine fließende und gut ausgeklügelte Ablaufgestaltung, in der alles Hand in Hand läuft, auch mit Regelungen für Engpässe und Unvorhergesehenes, bildet die Basis. Regelmäßige Reflexionen und Anpassungen an sich ändernde Situationen sind unabdingbar. Nicht nur die körperlichen Bedürfnisse der Kinder sind zu erfüllen, auch emotional müssen sie aufgefangen werden. Geraten wir Erwachsene in Hektik, vermitteln wir Kindern Unruhe und Unsicherheit.

Gerade müde oder erschöpfte Kinder brauchen aber Sicherheit in dieser sehr lebhaften und vielschichtigen Phase des Tagesablaufs. Dr. Herbert Renz-Polster beschreibt diese Situation so: „Sobald Kinder müde werden, spannt sich bei ihnen eine Art unsichtbares Gummi an – ihr Bindungssystem wird aktiviert. Sie wollen sicher sein, dass sie unter dem Schutz ihrer vertrauten Erwachsenen stehen" (Renz-Polster, 2017, S.4). Es gilt also, ein tragbares, stabiles Netz zu knüpfen, das sowohl die Kinder als auch die Erwachsenen sicher trägt.

Ressourcencheck: Wie sind die Rahmenbedingungen bei uns?

Wie Teams in Krippen und Kitas den Mittagsschlaf der Kinder regeln, ist sehr unterschiedlich. Es gibt feste Schlafzeiten für alle Kinder, gestufte Schlafgruppen und Schlafzeiten je nach Alter (nur wer in die Schule kommt, spielt, statt zu schlafen) bis hin zu flexiblen Lösungen für jedes Kind. Die Organisation in Kindertageseinrichtungen ist abhängig von vielen Faktoren. Die Alterszusammensetzung der Kinder, das altersunabhängige Schlafbedürfnis einzelner Kinder, die Haltung der Fachkräfte sowie Wünsche von Eltern nehmen Einfluss. Nicht selten spielen jedoch die Rahmenbedingungen, insbesondere die räumliche und personelle Situation, eine ausschlaggebende Rolle:

- Alle Kinder sollen schlafen, weil dieses Konzept vor allem Personal spart. Es reicht eine Aufsichtsperson. Wir müssen so handeln, sonst können wir keine Mittagspause, keine Verfügungszeit, keine Elterngespräche machen.
- Alle Kinder müssen schlafen, damit im Haus Ruhe herrscht. Unsere Kita ist hellhörig, wir haben keinen geeigneten Schlafraum, wir haben ein Platzproblem. Wenn sich nicht alle Kinder hinlegen und still sind, kommt keiner zur Ruhe.
- Alle Kinder, die fünf Jahre alt werden, bleiben wach, weil unser Platz zum Schlafen begrenzt ist und wir nicht genug Betten haben, wenn auch noch ältere Kinder schlafen würden.
- In unserer Kita bieten wir keinen Mittagsschlaf an, weil wir keinen Schlafraum haben und zudem kein Personal zur Verfügung steht, das sich um die schlafenden Kinder kümmern kann. Mit drei Jahren können Kinder gut auf einen Mittagsschlaf verzichten.

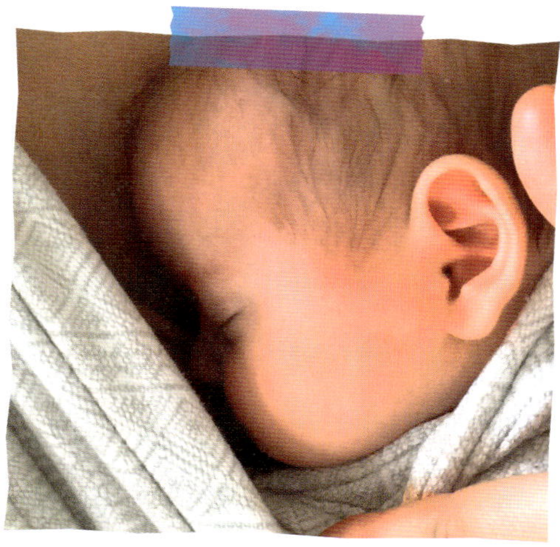

Unpassende Rahmenbedingungen wirken sich aus

Wenn alle Kinder schlafen müssen, kann sich das sowohl auf das Schlafverhalten der Kinder als auch auf ihre Beziehung zu den Fachkräften negativ auswirken. Statt Bezugsperson und Schlafbegleiter:in zu sein, wechselt die pädagogische Fachkraft hier in die Rolle der Aufseher:in und hält „Schlafwache". Dass Kinder in einer solchen Situation das Ausruhen als etwas Schönes erleben, wird wohl kaum so sein. Kinder erleben Ruhen und Schlafen eher als Einschränkung und empfinden es unter Umständen als Strafmaßnahme. Die Ansage „Jetzt musst du dich ins Bett legen, die Augen schließen und schlafen" erzeugt neben der negativen Bewertung von Schlafen einen berechtigten Widerstand. So wird das, was Gesundheit fördern und zur Gesunderhaltung dienen soll, nämlich sich zu entspannen und auszuruhen, negativ besetzt. Der Zwang verhindert, dass sich Kinder entspannen können, er löst Stress und Unwohlsein aus. Die Möglichkeit, neue Kraft zu tanken, wird verspielt.

Praxisbeispiel

Miquel muss schlafen

Miquel ist ein begnadeter Schläfer. Er liebt sein Bett, seinen Schnuller und seinen Waschbären Paulchen. Er zeigt sehr deutlich, wenn er müde ist. Dann fasst er sich ans Ohrläppchen. Das ist das eindeutige Signal: Zeit für eine Pause! Meist fordert Miquel diese gegen 11:30 Uhr ein. Um 13:00 Uhr ist er wieder fit und genießt freudig sein Mittagessen. Danach spielt Miquel vergnügt und konzentriert bis ca. 15.30 Uhr. Dann liebt er es, mit einem Bilderbuch auf dem Sofa zu entspannen oder kurz ein Nickerchen zu machen, und ist nach zwanzig Minuten wieder fit bis zum Abend.

Nun kommt der zweijährige Miquel in die Familiengruppe einer Kita und sein Leben wird kompliziert. Mittagessen gibt es Punkt 12:00 Uhr und von 13:00 Uhr bis 15:00 Uhr wird geschlafen, das gilt für alle. Privilegien haben nur die Sechsjährigen. Die dürfen sich um diese Zeit still beschäftigen. Nach dem Mittagsschlaf gehen alle an die frische Luft bis zum Abholen. Jetzt heißt es Durchhalten für Miquel. Da er um 12:00 Uhr schon viel zu müde ist, wird das Essen zur Tortur und einschlafen kann er um 13:00 Uhr auch nicht. Er ist unruhig, wütend, aufgebracht und übellaunig. Mit seinem Geschrei hält er die anderen wach. Irgendwann resigniert Miquel und fügt sich ein. Ohne seinen erholsamen Schlaf schlurft er nach dem Aufstehen freudlos über das Außengelände, die Hand am Ohr. Endlich Abholzeit. Schluchzend fällt der erschöpfte Miquel seiner Mutter in die Arme. Der Rest des Tages gestaltet sich für beide anstrengend und konfliktreich.

Innerhalb kurzer Zeit wird aus dem fröhlichen Jungen ein unzufriedener Nörgler. Die wiederholt geführten Elterngespräche mit den pädagogischen Fachkräften scheitern an Argumenten wie „Das ist nun mal unser Konzept" und „Wir können für Ihr Kind keine Extrawurst braten." Miquels Eltern melden ihr Kind ab und suchen eine Krippe mit bedürfnisorientiertem Schlafkonzept. Als die gefunden ist, wird Miquel nach wenigen Wochen wieder fröhlich und lächelt beim Abholen.

Erzwungener Mittagsschlaf sowie Schlafentzug wirken sich gleichermaßen negativ auf Kinder aus. Unabhängig davon, wie alt ein Kind ist, hat es ein Recht darauf zu schlafen , wenn es müde ist. Verweigern wir Kindern dieses Recht, kann der Nachmittag in der Kita für alle richtig anstrengend werden. Müde Kinder können sich schlechter konzentrieren und sind unfallgefährdeter. Sie überdrehen häufiger und reagieren auf Spielanregungen mit Desinteresse. Sie streiten um Kleinigkeiten und brechen oft ohne einen erkennbaren Grund in Tränen aus. Sie brauchen unsere volle Aufmerksamkeit und Unterstützung, um wieder ins Gleichgewicht zu kommen.

Ein Lösungsansatz: Der bedürfnisorientierte „Mittags-Mix"

Bei der Variante „Mittags-Mix" gibt es parallel unterschiedliche Gruppierungen gemäß der Tagesform der Kinder und ihrer aktuellen Bedürfnislage: Mittagsschlafkinder, Kinder mit Mittagstief, spielfreudige und bewegungsorientierte Kinder. Zur Auswahl sollte für die Kinder das Außengelände, ein ruhiger Raum mit Bücher- und Spielangebot und ein Ruhe- und Schlafraum zur Verfügung stehen. Parallel können Kinder auch ihr Mittagessen einnehmen, vielleicht in einem gemütlichen Kinderrestaurant?

In der Krippe ist davon auszugehen, dass die meisten Kinder einen Mittagsschlaf halten. Da das Schlafbedürfnis im Kleinkindbereich in den meisten Fällen noch ausgeprägter und das Schlafpensum bei Krippenkindern höher als bei älteren Kindern ist, lässt sich die festgelegte Schlafenszeit mit entsprechenden Ritualen und Übergängen gut in den Alltag integrieren. Aber auch hier gilt es, Alternativen für wache und bewegungsfreudige Kinder anzubieten.

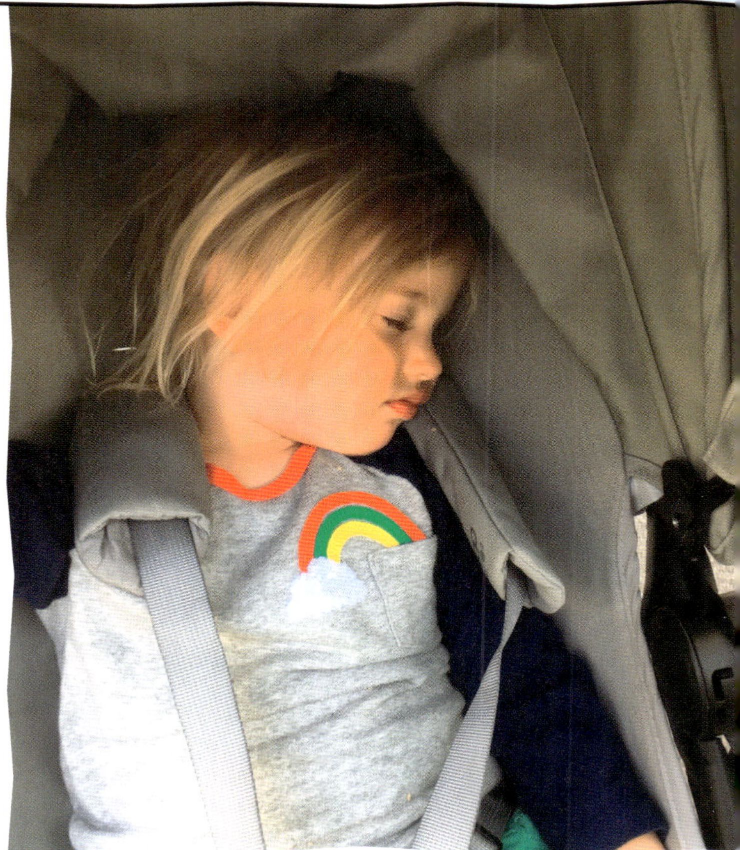

Stehen die Rahmenbedingungen über den Rechten der Kinder?

„Kinder, wir haben keine Wahl, ihr müsst euch ins System einfügen!" – Je mehr wir über frühkindliche Bildung wissen, umso weniger ist der Zustand hinzunehmen, dass schlechte Rahmenbedingungen gesetzlich verbriefte Rechte der Kinder schmälern. Sie fühlen sich als Fachkraft oft als Opfer schlechter Rahmenbedingungen? Zeit für einen Perspektivenwechsel! Schauen Sie als Team auf vorhandene Ressourcen, gehen Sie Kompromisse ein. Werden Sie zu Gestalter:innen Ihrer Pädagogik. Kinder brauchen pädagogische Fachkräfte als Anwält:innen ihrer Rechte.

Wie sieht Ihre Vision von der Mittagszeit aus?

Erarbeiten Sie sich im Team eine gemeinsame Vision von der Mittagszeit in Ihrer Kita. Möglicherweise entwickeln Sie Ideen, auf die Sie vorher nicht gekommen sind. Vielleicht gibt es doch eine Chance, den Dienstplan so zu gestalten, dass ein:e Kolleg:in frei wird, um die Schlafbegleitung der Kinder zu übernehmen. Eventuell lässt sich ein Nebenraum in ein kuscheliges Schlafnest verwandeln? In den Zeiten, in denen im Raum keine Kinder schlafen, kann er als Snoozleraum oder Vorleseplatz dienen.

Sie leben schon den täglichen bedürfnisorientierten Mittags-Mix? Dann kann das gemeinsame Reflektieren und Visionieren helfen, Schwächen aufzuspüren und ins Positive zu wandeln. Jedes neue Kind, das in die Einrichtung kommt, verändert die Situation. Von Zeit zu Zeit sollten Sie sich diese Frage stellen: Passt unsere derzeitige Gestaltung der Mittagssituation zur Bedürfnissituation der Kinder?

Die Gestaltung der Mittagszeit mit Mittagessen, Entspannungs- bzw. Schlafphase ist ein wichtiges Qualitätsmerkmal von Krippen und Kitas. Es lohnt sich auch für Sie und Ihr Team, genauer zu hinterfragen:

- Berücksichtigen wir die unterschiedlichen Bedürfnisse der Kinder?
- Erleben Kinder Entspannung und Schlafen als etwas Genussvolles?
- Verständigen sich Team und Eltern über das Schlafen und Ausruhen der Kinder?
- Erleben Kinder, die mittags nicht schlafen, diese Zeit als angenehm? Haben sie Wahlmöglichkeiten, was, wie, wo und mit wem sie spielen?
- Sind Mittagszeit inklusive Mittagessen, Entspannung bzw. Schlafen im Konzept verankert und damit transparent für alle?

Methode

Eine Team-Vision mit der „Bühnenbildtechnik" entwickeln

Diese Methode braucht etwas Zeit, deshalb eignet sie sich beispielsweise für einen Teamtag. Alle Teammitglieder stellen sich vor, sie befinden sich im Jahr 2024. Wie sieht die ideale Mittagszeit dann in unserer Kita aus? Was erleben Kinder und was Erwachsene? Nutzen Sie in der ersten Runde den divergenten Denkstil (siehe Kasten). Alle dürfen nun gemeinsam „herumspinnen". Alles bleibt unkommentiert, aber schreiben oder malen Sie mit: Notieren Sie jeden noch so kleinen Gedanken auf einem Plakat!

Stellen Sie sich dabei eine Bühne vor. Es läuft das Stück „Die ideale Mittagszeit in unserer Kita". Es gibt fünf Akte:
Akt 1: Welche Szenen sehen Sie?
Akt 2: Was hören Sie?
Akt 3: Was riechen Sie?
Akt 4: Was schmecken Sie?
Akt 5: Was fühlen Sie?

Danach wechseln Sie zum konvergenten Denkstil. Mit Klebepunkten wählen nun alle Teammitglieder, welche Visionen sie besonders ansprechen, um schließlich herauszufinden, welches Thema das Team gerade am meisten beschäftigt. Ist es die Vorstellung, wie die Kinder in einem gemütlichen, kuscheligen Ambiente friedlich schlummern? Ist es der Teamraum mit einer Sofalandschaft, der in ansprechenden Farben gestrichen ist? Ist es das Bild von sich bewegenden und entdeckenden Kindern im Garten? Oder ist es die Vorstellung, dass Sie die Schlafsituation jeden Kindes im Aufnahmegespräch ganz individuell in den Blick nehmen?

Für die Visionen mit den meisten Punkten entwickeln Sie Ziele und Strategien. Legen Sie Meilensteine fest, erstellen Sie einen Maßnahmenplan und verteilen Sie Aufgaben. Formulieren Sie Ihre Vision komprimiert auf drei oder vier Sätze und hängen Sie diese Wandzeitung im Teamraum aus, damit sie lebendig bleibt.

Durch die Kommunikation auf Augenhöhe und die Entwicklung gemeinsamer Ziele entsteht intrinsische Motivation. Der Spaß an der Arbeit wächst.

Der konvergente und der divergente Denkstil

Aus der Kreativitätsforschung lassen sich zwei Denkstile ableiten. Der konvergente Denkstil ist der logische, zielgerichtete Denkstil. Der divergente Denkstil folgt keiner Logik, die Gedanken verlaufen ungeordnet und frei (vgl. Blumenschein/Ehlers, 2002, S. 9 f.). Nutzen Sie bewusst den divergenten Denkstil, um Visionen zu entwickeln, und lassen Sie Ihrer Fantasie freien Lauf. Es gilt die Regel, keine vernünftigen Argumente ins Feld zu führen, sondern unkommentiert herumzuspinnen. Sogenannte Totschlag-Argumente wie „Wir haben kein Budget, das geht sowieso nicht, dafür haben wir keine Zeit …" verkneifen Sie sich bitte.

Holen Sie den Träger ins Boot

Wenn die gebündelte Kreativität Ihres Teams nicht ausreicht und weitere Unterstützung nötig ist, müssen Sie verhandeln! Die oft mühsame, aber wichtige Auseinandersetzung um bessere Rahmenbedingungen ist in solchen Fällen unabdingbar. Kommen Sie mit Ihrem Träger ins Gespräch. Stellen Sie Ihr am Kind orientiertes Konzept vor und zeigen Sie Wege auf, wie Ihr Träger Sie unterstützen kann.

Nicht alle Team-Mitglieder begrüßen Veränderungsprozesse!

Veränderungsprozesse können unterschiedliche Reaktionen bei Teammitgliedern auslösen. Die Palette geht von Abenteuerlust, Freude, Motivation, Kreativität, Forschergeist, Aktionismus, Lust am Ausprobieren, Optimismus, Zuversicht bis hin zu Vorsicht, Unsicherheit, Ängsten, Überforderung, Ablehnung, Unentschlossenheit, Resignation.

Schwierig wird es, wenn die schnellen Macher:innen die anderen überrollen. Dann verhärten sich schnell Fronten. Den Emotionen sollte eine Plattform gegeben und es sollte sich ausreichend Zeit genommen werden, um die Ängste und Einwände zu bearbeiten. Eine gute Möglichkeit bietet sich darin, eine Probephase (Pilotprojekt) über einen bestimmten Zeitraum zu vereinbaren, um etwas Neues auszuprobieren. Die Bedürfnisse der Schnellen und Langsamen sollten ausreichend berücksichtigt und Zwischenschritte eingeplant werden. Wichtig ist miteinander und nicht übereinander zu reden und keine Schuldigen zu suchen, wenn ein neues Vorhaben nicht den gewünschten Erfolg gebracht hat. Keine Entscheidung und keine Vereinbarung ist für immer und ewig in Stein gemeißelt. Sie können diskutiert, reflektiert, analysiert, revidiert werden, um nach alternativen Lösungen zu suchen, die Kindern und Erwachsenen guttun.

Das Recht des Kindes auf Selbstbestimmung

Blick in die Praxis

Petra Meinhof, Kita-Leiterin aus Niedersachsen, über den wichtigen Aspekt der Selbstbestimmung in eigenen Angelegenheiten:

Ich leite die noch ganz neue Kita Trebel. Unsere Basis ist das bestehende Trägerkonzept und die daraus abgeleiteten „Essentials" von Kinderwelt Hamburg e. V. Das Thema „Ruhen und Schlafen" ist hier verankert. Zum Beispiel: Der Tagesrhythmus und die Strukturen sind so gestaltet, dass das einzelne Kind weitestgehend nach seinen eigenen Bedürfnissen entscheiden kann, was es tut, wo es sich aufhält und mit wem es spielt. Jedes Kind entscheidet selbst, ob, wann und wie lange es schläft und ruht.

In vielen Kita-Konzeptionen findet sich zum Glück dieser oder ein ähnlich formulierter Satz: „Den Mittagsschlaf gestalten wir in unserer Kita bedürfnisorientiert."
Schlafen in Kindertageseinrichtungen steht in einem engen Zusammenhang mit der professionellen pädagogischen Haltung. Diese Haltung erwächst aus der autobiografischen Arbeit, der Auseinandersetzung mit Kinderrechten, der Partizipation und dem Bild vom Kind. Teams finden so bedürfnis- und entwicklungsorientierte Lösungen für Kinder nicht nur in Bezug auf die Schlafsituation, sondern für alle Schüsselsituationen des Alltags. Das Recht auf Beteiligung der Kinder hängt nicht von ihrem Alter ab, die Gestaltung der Beteiligung von Kindern hingegen sehr wohl. Sie orientiert sich am Entwicklungsstand der Kinder. Die Berücksichtigung und Umsetzung der Kinderrechte gehören zum gesetzlichen Bildungsauftrag von Kindertageseinrichtungen.

Alle Kinder haben Rechte – auch du!

Deine Rechte stehen in der UN-Kinderrechte-konvention. Fast alle Staaten auf der ganzen Welt haben versprochen, dafür zu sorgen, dass die Kinderrechte in ihrem Land eingehalten werden. Dies sind zehn Kinderrechte, die in Kindergärten, Kinderhorten, Schulen besonders wichtig sind.

Alle Kinder sind wichtig. Du auch.

Du hast ein Recht auf ein gutes Leben.

Du hast das Recht ohne Angst zu leben, niemand darf dir wehtun.

Du hast das Recht, Hilfe zu bekommen, wenn du dich nicht gut fühlst und wenn du krank bist.

Du hast das Recht, zu sagen, was du denkst. Allerdings darfst du niemand damit verletzen.

Du hast das Recht, mitzubestimmen und an Entscheidungen, die dich betreffen, beteiligt zu werden.

Du hast das Recht zu spielen und du hast das Recht, dich auszuruhen.

Du hast das Recht, mit anderen Kindern zusammen zu sein.

Du hast das Recht, zu erfahren, was Erwachsene für dich entscheiden.

Du hast das Recht, viele Dinge zu lernen.

Kriterien für eine gelungene Beteiligung von Kindern

Zu dem in der UN-Kinderrechtskonvention verankerten Recht auf Beteiligung führen die Vereinten Nationen aus: Die Beteiligung von Kindern soll …

- *transparent und informativ sein – Kinder sollen ihre Rechte verstehen können.*
- *freiwillig sein – Kinder sind nicht verpflichtet, ihre Meinung zu äußern.*
- *achtungsvoll sein – die Meinungen der Kinder müssen anerkannt und respektiert werden.*
- *bedeutsam sein – die Themen müssen für ihr Leben eine wirkliche Bedeutung haben.*
- *kinderfreundlich sein – das Vorgehen muss an Alter und Fähigkeiten der Kinder angepasst und so gestaltet sein, dass es für alle Kinder zugänglich ist.*
- *inklusiv sein – Kinder sollen ihr Recht auf Partizipation ohne Diskriminierung ausüben können.*
- *unterstützt durch Bildungsmaßnahmen sein – auch Erwachsene brauchen Vorbereitung und Fähigkeiten, um Kinder wirkungsvoll einzubeziehen.*
- *sicher und risikobewusst sein – Erwachsene müssen die Kinder schützen, wenn Meinungsäußerungen riskant sein können. Dazu gehört die Erarbeitung einer Kinderschutzstrategie.*
- *rechenschaftspflichtig sein – Kinder haben das Recht auf Rückmeldung und eine Überprüfung der Prozesse und Ergebnisse ihrer Beteiligung.*

(vgl. VN, 2009)

Die Kinderrechte sind der Kompass

Nehmen wir unseren Bildungsauftrag im Hinblick auf die Umsetzung von Kinderrechten ernst, spiegelt sich dieser in unserer Haltung und unserem Handeln. Wir verzichten auf die Ausübung von Macht, die wir ohne jeglichen Zweifel ausüben könnten, weil Kinder wenig Chancen haben, sich gegen Erwachsene zu wehren. Um Kinder vor Machtmissbrauch zu schützen, braucht es Transparenz und eine Vermittlung der Kinderrechte, die Kinder verstehen. Am wichtigsten ist, dass wir gute Vorbilder sind, indem wir Kinder ganz selbstverständlich beteiligen, ihre Anliegen ernst nehmen und einen respektvollen Umgang pflegen.

Je jünger Kinder sind, umso weniger sind sie in der Lage, situationsangemessen ihre Wünsche und Vorstellungen zu steuern. Sie brauchen aufmerksame Erwachsene an ihrer Seite, die ihre Bedürfnisse anerkennen und sie unterstützen. Kindliches Wohlbefinden geht über körperliche Fürsorge hinaus. Ein Kind fühlt sich wohl und sicher, wenn es sich darauf verlassen kann, vor Gefahren beschützt zu werden und Trost zu erfahren. Zum Wohlfühlen gehören zudem, spielen und lernen zu dürfen, Spaß und Freude im Leben zu haben, sprachliche und geistige Anregung zu erfahren.

Die feinfühlige Beantwortung kindlicher Bedürfnisse

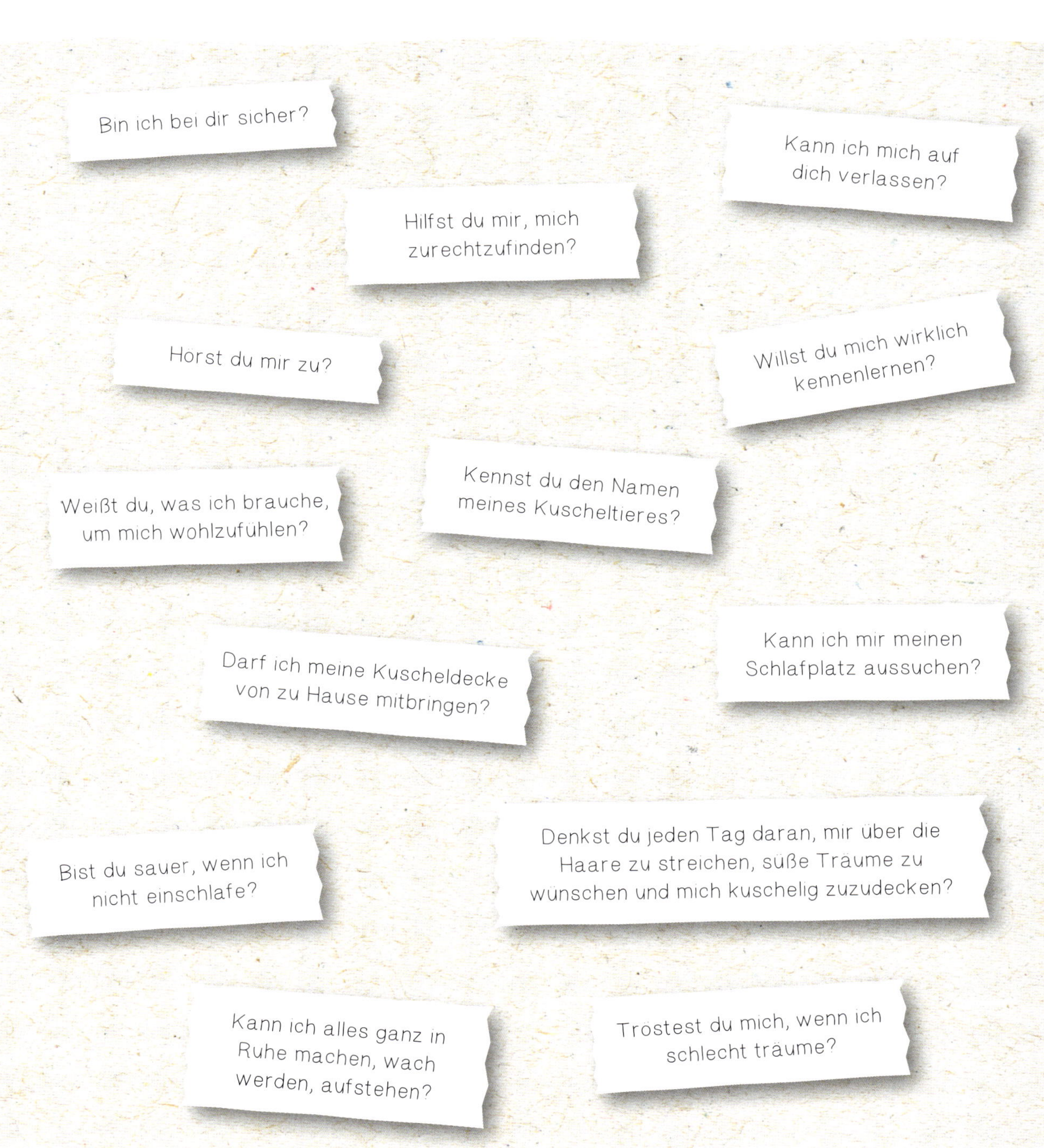

Kinder stellen uns – verbal und nonverbal – wichtige Fragen. Wenn es uns gelingt, dem Kind eine auf seine inneren Fragen abgestimmte Antwort zu geben, wird dies mit dem Begriff der Responsivität beschrieben. Nicht immer fällt es leicht, die unausgesprochenen Bedürfnisse der Kinder zu entschlüsseln und passgenaue Antworten zu finden. Am Anfang steht immer das Kennenlerngespräch mit den Eltern. Die Eltern berichten vom Alltag, den Abläufen und Routinen, die das Kind kennt, von seinen Bedürfnissen und wie wir diese erkennen können. Von diesen Berichten ausgehend beobachten Fachkräfte die Kinder intensiv und lernen sie immer besser kennen.

Blick in die Praxis

Hanna Schrenk, Kindheitspädagogin und Krippenleiterin in einer Einrichtung der pme Familienservice GmbH in Baden-Württemberg berichtet, wie die Fachkräfte in ihrem Haus den Bedürfnissen der Kinder auf die Spur kommen.

Je jünger das Kind, umso wichtiger ist es, dass die Fachkraft auf die kleinen Feinzeichen achtet und darauf reagiert. Sollte eine Fachkraft ein Bedürfnis falsch einschätzen oder es falsch interpretieren, macht sie sich mit dem Kind auf den Weg, um die für das Kind passende Antwort zu finden. Hierbei ist es wichtig, dass es nicht immer eine direkte und sofortige Befriedigung des Bedürfnisses braucht, jedoch braucht das Kind ein Zeichen, dass sein Bedürfnis wahrgenommen wird. Gemeinsam mit dem Kind, angepasst an die jeweilige Situation, kann dann nach einer Antwort darauf gesucht werden.

Antworten finden bei eingeschränkter Kommunikation

Besonders herausfordernd kann das „Antworten finden" bei Kindern mit Behinderung sein, wie das Beispiel von Rana zeigt. Rana ist drei Jahre alt, hat eine Autismus-Spektrum-Störung und Migrationshintergrund, ihre Herkunftssprache ist nicht Deutsch. Kinder mit Autismus-Spektrum-Störung können im Alltag durch kleinste Änderungen ihre innere Balance verlieren und unter Stress kommen. Ranas Sozial- und Spielentwicklung war stark verzögert und die Kommunikation mit ihr war beeinträchtigt – hier ist eine besonders achtsame Begleitung gefragt.

Blick in die Praxis

Nina Eckert, Inklusionsfachkraft, MarteMeo Practitioner und Ranas Bezugserzieherin, berichtet, wie wichtig eine feinfühlige Responsivität für den Beziehungsaufbau ist und wie sie Antworten auf Ranas Fragen gefunden hat.

Meine Responsivität zeigt sich zum Beispiel darin, dass ich mit der gebärdenunterstützten Kommunikationsform Makaton und mit MarteMeo arbeitete. Das Benennen von Ranas Tätigkeiten und meiner als Fachkraft hatte hierbei einen großen Stellenwert. Dadurch, dass ich alles, was ich tat, kommentierte, wurde ich für Rana einschätzbarer und vermittelte ihr Sicherheit. So konnte ich Rana mehr Teilhabe ermöglichen. Insgesamt ließ ich mich von Rana leiten und folgte ihren Zeichen. Das war nicht immer leicht und ich probierte vorsichtig aus. An Ranas Reaktionen konnte ich ablesen, ob ich richtig lag. Nach einer Weile kannten wir uns recht gut. Rana vertraute mir, sie spürte wohl, dass mir wirklich daran liegt, sie zu verstehen. Und ich hatte gelernt zu wissen, was Rana brauchte, um sich wohlzufühlen. Bestimmte Makaton-Gesten hat Rana verinnerlicht. Ganz wichtig ist für sie die Geste für „fertig". So erhält sie zum einen Orientierung, wenn im Tagesablauf Übergänge anstehen, zum anderen kann sie deutlich machen, wenn sie selbst eine Tätigkeit für beendet ansieht. Mittlerweile verbindet Rana die Geste mit dem Wort. Wird sie abgeholt, ruft sie laut „Fertig!" und zeigt die passende Geste.

Die vorbereitete Umgebung spielte eine wichtige Rolle. Rana schlief in einem Korb. Die räumliche Begrenzung vermittelte ihr Sicherheit. Dazu gehörte auch, dass der Korb immer am gleichen Platz im Raum stand. In der Eingewöhnungsphase ließ sich Rana sehr gut durch Musik in ihrer Muttersprache beruhigen. Diese spezielle Musik forderte sie auch fürs Einschlafen ein, ergänzend liebte sie tanzende Lichtreflexe. So konnte sich Rana gut entspannen und wachte ausgeruht auf. Nach dem Mittagsschlaf wurde Rana abgeholt. Interessant finde ich, dass Rana den Schlafraum auch über einen langen Zeitraum für ihren morgendlichen Einstieg in den Tag nutzte. Wenn sie kam, suchte sie zuerst ihren Korb auf, machte es sich gemütlich, hörte ihre Musik und beobachtete die Lichtreflexe. Sie knüpfte damit an den Vortag an und schuf sich ein Übergangsritual. So fiel es ihr leichter, im Kita-Alltag anzukommen.

Durch diesen feinfühligen Beziehungsaufbau konnte sich Rana als kompetentes Kind erleben und hat eine Strategie entwickelt, sich selbst zu regulieren. Für Nina Eckert war es ein langer Prozess, der viel Geduld erforderte, aber am Ende sehr erfolgreich war. Zeit ist dabei ein wichtiger Faktor.

Makaton

Makaton ist ein Kommunikations- und Sprachförderansatz, der mithilfe von Gebärden der Deutschen Gebärdensprache (DGS), Bildsymbolen und Lautsprache Menschen in ihrer Kommunikation helfen kann, beispielsweise zur Anbahnung von Kommunikationsfähigkeiten, Sprach- und Sprechfähigkeiten, Lese- und Schreibfertigkeiten (Literacy Skills).Makaton kombiniert dabei wichtige Wortkonzepte mit Lauten, Gebärden, Symbolen und Schrift.

Makaton ist für Personen mit Kommunikationsbedürfnissen auf unterschiedlichen Entwicklungsebenen geeignet. Der Ansatz eignet sich für Kinder und Erwachsene mit jeglicher Art von Kommunikationsdefiziten (z. B. durch Lernschwierigkeiten, körperliche oder geistige Behinderungen, Migrationshintergrund, Sinnes- und Wahrnehmungsbeeinträchtigungen). Der Einstieg gelingt mit diesem Ansatz leicht und motivierend und stellt die individuellen Fördermöglichkeiten je nach Voraussetzungen, Bedürfnissen und Interessen der Nutzer in den Mittelpunkt.

Sie wollen Ihr eigenes Verhalten reflektieren?
Folgende Fragen können hilfreich sein:

- Wie kann ich erkennen, was Kinder in ihren ersten Lebensjahren brauchen?
- Welchen emotionalen Ausdruck nehme ich bei Kindern in unserer Krippe/Kita wahr?
- Gibt es Kinder, die besonders ängstlich sind?
- Gibt es Kinder, die häufig traurig, zurückgezogen, wütend, antriebslos, überdreht sind?
- In welcher Weise reagiere ich auf bestimmte kindliche Signale wie Weinen, Hinterherlaufen, Anklammern?
- In welcher Weise nehme ich die verbalen und nonverbalen Signale von Kindern respektvoll wahr?
- In welchen Situationen fällt es mir manchmal schwer zu verstehen, was mir Kinder mitteilen möchten?
- Woran erkenne ich, dass ein Kind in sein Spiel vertieft ist?
- Kenne ich die besonderen Interessen eines jeden Kindes?
- Welche Kinder beteiligen sich wenig am Gruppengeschehen oder sind meist für sich allein?
- Nehme ich besondere Beziehungen von Kindern untereinander wahr?
- Nehme ich wahr, welche Kinder kaum Beziehungen zu anderen Kindern pflegen?
- Wie gelingt es mir, das Wohlbefinden aller Kinder zuverlässig im Blick zu behalten?
- Wann habe ich zuletzt die Kinder befragt?
  (Woran merkst du, dass du müde wirst? Wie schläfst du am besten ein? Was hilft dir beim Einschlafen?
  Was gefällt dir am Mittagsschlaf, was nicht? Was machst du, wenn du aufwachst?)

Konzeptionelle Auseinandersetzung im Team

Erzieherin Marie hat vor kurzem eine neue Stelle angetreten und arbeitet sich noch ein. In ihrer Kita müssen alle Kinder mit Ausnahme der Fünf- bis Sechsjähren einen Mittagsschlaf halten.

Praxisbeispiel

Melina will nicht schlafen

Melina (vier Jahre) will heute nicht schlafen und begründet sehr gut, warum sie nicht müde ist. Ich kann sie gut verstehen, aber das bringt mich in einen Konflikt: Was passiert, wenn ich Melina im Nebenraum spielen lasse? Beschweren sich am Ende die Eltern? Bekomme ich Stress mit den Kolleginnen wegen des Regelverstoßes? Würde die Ausnahme dazu führen, dass Melina generell nicht mehr schlafen will? Was hat das für Folgen, wenn andere Kinder das mitbekommen? Wollen am Ende mehrere Kinder wach bleiben? Sieht es so aus, als könnte ich mich nicht durchsetzen? Melina hat es gut, dass sie schlafen darf, wie gerne würde ich mit ihr tauschen! Am liebsten wäre mir, sie würde sich jetzt einfach hinlegen und sich fügen. Und was halten eigentlich meine Kolleginnen von mir, der „Neuen"? Im Konzept der Kita steht, dass Kinder sich hier zu selbstbestimmten Persönlichkeiten entwickeln können. Wie passt das zu Melina, die schlafen soll, obwohl sie ganz genau weiß, dass sie nicht müde ist?

Je länger Marie über die Situation nachdenkt, umso klarer wird ihr, dass es nur vordergründig um den Mittagsschlaf geht. Eigentlich geht es um Werte, Erziehungsvorstellungen, persönliche Haltungen und die Kultur der Einrichtung. Marie ist es wichtig, bedürfnis- und beziehungsorientiert zu arbeiten, und sie beschließt, ihren Konflikt mit ihrer Patin zu besprechen, die ihr während ihrer Einarbeitungsphase zur Seite steht. Wenn sie weiter in dieser Einrichtung arbeiten will, muss sie wissen, was von ihr erwartet wird. Die Kollegin zeigt sich offen und verständnisvoll und erkennt das Potenzial in Maries Anliegen. Sie sorgt dafür, dass es zu einem Austausch im Team kommt.

In der nächsten Team-Sitzung diskutiert das Team das Thema

Am Flipchart steht folgende Frage: Wie ist deine Einstellung zum Thema Mittagsschlaf in unserer Kita? Folgende Statements sind zu hören:

- So ein schönes Nickerchen nach dem Mittagessen tut einem Kind gut, egal, ob es müde ist. Wenn es nur lange genug liegt, schläft es schon ein.
- Mittagsschlaf ist gesund und gut für die Entwicklung.
- Wer nicht schlafen kann, ruht sich eben aus. Einfach mal hinlegen und Ruhe halten entspannt die Kinder.
- Der Mittagsschlaf gehört zu einem Tag im Kindergarten. Das war bei mir schon so und hat mir nicht geschadet.
- Als Kind fand ich den Mittagsschlaf schrecklich. Ich war nie müde und mir war so langweilig. Schlafenmüssen geht gar nicht.

- Im Bildungsplan steht, dass Kinder im Rahmen der Partizipation mitentscheiden, das gilt für mich auch beim Mittagsschlaf.
- Es ist am einfachsten, wenn sich erst einmal alle Kinder hinlegen. Wo kommen wir denn dahin, wenn wir anfangen Ausnahmen zu machen? Kinder müssen sich auch mal einfügen.
- Kinder haben Rechte!
- Kinder können doch nicht selbst entscheiden, ob sie schlafen wollen oder nicht, damit sind sie überfordert.
- Die Kinder brauchen den Mittagsschlaf, um sich vom anstrengenden Vormittag zu erholen.
- Also ich bin nicht nur Erzieherin, sondern auch Mutter. Ich will gar nicht, dass meine Kinder tagsüber schlafen. Das führt abends zu Problemen. Meine Kinder schlafen dann spät ein und morgens wollen sie nicht raus. Das führt zu einem Negativ-Kreislauf.
- In unserem Konzept steht, wir nehmen die Bedürfnisse der Kinder ernst. Und beim Schlafen hört das auf oder wie!?

Diese Statements entspringen persönlichen Erfahrungen, Fachwissen, berufsbezogenen Überzeugungen, subjektiven Theorien sowie professionellen Kompetenzen. Die Aussagen zeigen, dass beim Thema „Ausruhen und Schlafen" vielfältige Vorstellungen und Haltungen auf unterschiedlichen Ebenen aufeinandertreffen. Das Team erkennt, dass es die Rechte und Bedürfnisse der Kinder näher zu beleuchten gilt, um einen gemeinsamen Wertekompass zu entwickeln. Ziel ist es, die Qualität der pädagogischen Arbeit zu hinterfragen und anzuheben. Dazu eignet sich zum Beispiel ganz hervorragend die von Elisabeth Hollmann entwickelte Methodologie ILKE® – die Integrale-LernKultur-Entwicklung.

Methode

Schatzfotos

Bitten Sie Ihre Kolleg:innen, zur nächsten Team-Sitzung ein Foto (A4-Ausdruck) mitzubringen, das sie zu folgendem Aspekt ausgewählt haben: „Das ist für meine pädagogische Arbeit in unserer Kita von großem Wert."

Schauen Sie sich die Fotos gemeinsam an und finden Sie heraus, was jedem Teammitglied wichtig ist. Gibt es Werte, die allen gleichermaßen wichtig sind? Was liegt darunter? Wie können Sie die Werte gemeinsam füllen?

Nutzen: Mehr Klarheit und die Chance, daraus eine Philosophie abzuleiten, hinter der alle Team-Mitglieder stehen.

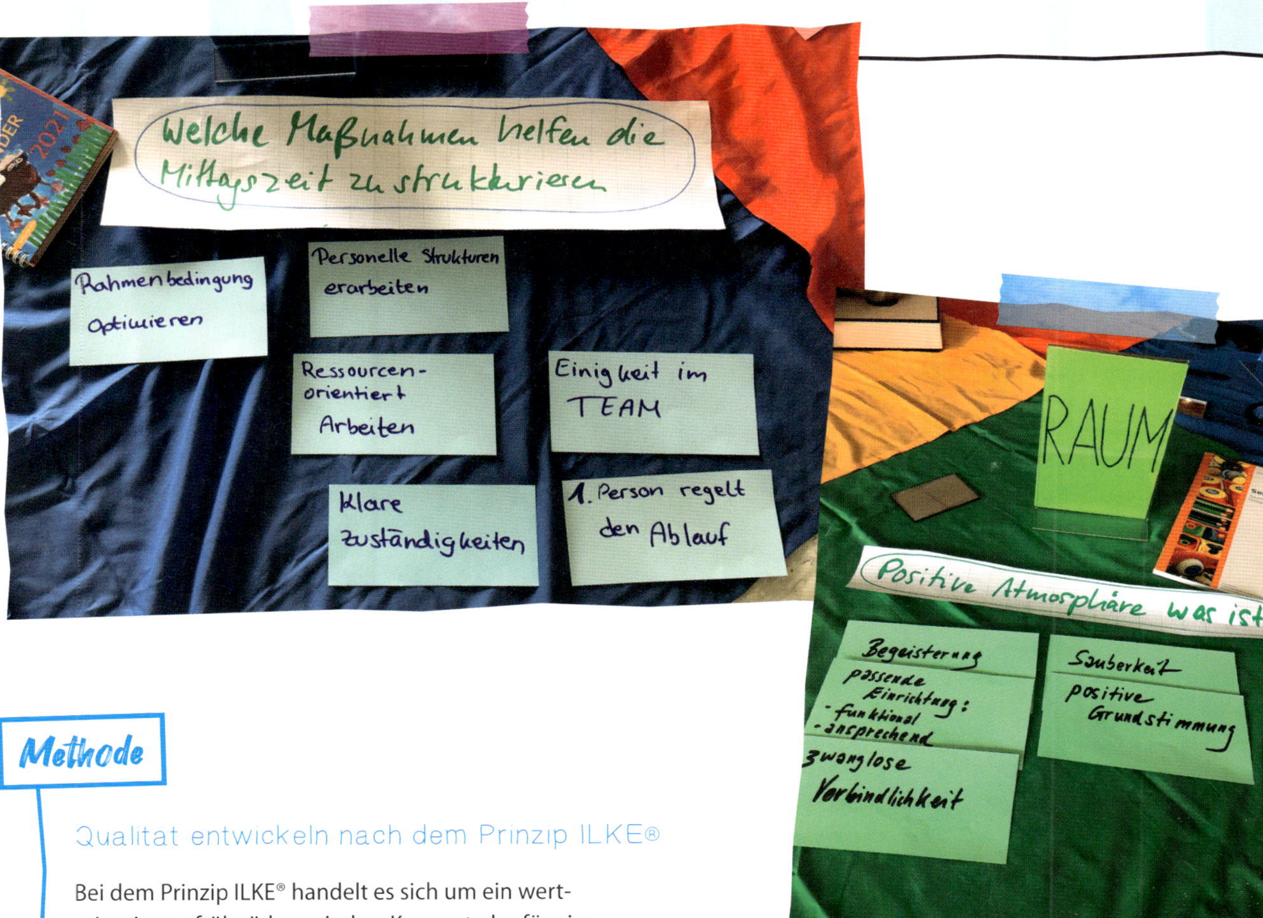

Methode

Qualität entwickeln nach dem Prinzip ILKE®

Bei dem Prinzip ILKE® handelt es sich um ein wertorientiertes frühpädagogisches Konzept, das für ein beziehungsvolles Miteinander in einer vernetzten Kita-Struktur sorgt. Es basiert auf einem Verknüpfungssystem zwischen der ICH-Ebene und der WIR-Ebene, wobei die RaumBildungs-Ebene und die Ablauf-Organisations-Ebene gleichwertig eingebunden sind.
Auf das Thema Mittagsschlaf angewandt, könnte die Matrix etwa so aussehen:

ICH-Ebene (der stärkenorientierte Blick auf die Fähigkeiten des Menschen)
Die Erzieher:innen achten das individuelle Schlaf- und Ruhebedürfnis eines jeden Kindes. Sie nehmen die Müdigkeitsanzeichen eines Kindes wahr und reagieren situationsbezogen. Die Erzieher:innen achten auf ihr eigenes Bedürfnis nach Ruhe und Entspannung.

WIR-Ebene (die Interaktion im Miteinander)
Im Erstgespräch mit Eltern erkundigen sich die Erzieher:innen über die Schlafumstände und Schlafgewohnheiten der Kinder. Sie verhalten sich gegenüber den Eltern und Kindern responsiv.

RaumBildungs-Ebene (die pädagogische Hülle)
Die Erzieher:innen wissen um die physische und psychische Auswirkung von Räumen auf Menschen. Zur Unterstützung des Geborgenheitsgefühls kleiner Kinder achten sie auf eine harmonische Wohlfühlatmosphäre im Schlafraum. Sie helfen dem Kind, seinen individuellen Schlafplatz aufzusuchen und zu gestalten. Sie stellen Einzel- und Gemeinschaftsschlafplätze zur Verfügung.

Ablauf-Organisations-Ebene (die täglichen Abläufe)
Die Erzieher:innen beachten die unterschiedlichen Schlaf-Rhythmen der Kinder. Sie passen ihr Verhalten und den Tagesablauf für das jeweilige Kind entsprechend an. Sie entwickeln Rituale im Übergang von Freispiel, Essen und Schlafen und leben diese im Tagesablauf. Es geht darum, Abläufe zu vereinfachen und praktische sowie pragmatische Lösungen finden.

Schlafbegleitung ist eine herausfordernde Aufgabe

Schlafbegleiter:innen übernehmen eine sehr anspruchsvolle Aufgabe, die mit der herkömmlichen Schlafwache keinesfalls gleichgesetzt werden kann. Aufgabe der Schlafwache ist es in erster Linie, für Ruhe zu sorgen und den Schlaf der Kinder zu überwachen. Kinder beim Einschlafen zu begleiten, bedeutet hingegen eine individuelle, feinfühlig abgestimmte Beziehungsgestaltung.

Der Schlaf kommt nicht auf Kommando

Einzuschlafen bedeutet nicht, den Schalter von „wach" auf „schlafen" umzulegen. Zum Loslassen und sich in den Schlaf fallen lassen braucht jeder Mensch eine sichere Umgebung. Sicherheit wiederum stellt sich nicht von selbst ein. Sie ist vielmehr das Ergebnis einer vertrauensvollen Beziehungspflege. Diese wiederum basiert auf der inklusiven Haltung der Fachkraft. Für die Entwicklung einer inklusiven Pädagogik braucht es eine Kita-Kultur, die die Beziehungsebene und Anerkennung jedes Kindes in den Mittelpunkt stellt. Die Anerkennung drückt sich im Engagement für die individuelle Potenzialentwicklung im Hinblick auf soziale, kognitive, kreative Kompetenzen aus. Inklusive Pädagogik verzichtet auf Stigmatisierung, Diskriminierung und Etikettierung. Sie stellt den individuellen bestmöglichen Lern- und Entwicklungserfolg über gesellschaftliche Normen.

Blick in die Praxis

Das empfindet Petra Meinhof (Leitung) als besonders herausfordernd an der Aufgabe der Schlafbegleiterin:

Nicht jedes Kind legt sich beim Ruhen ganz ruhig hin. Das muss einer Fachkraft bewusst sein. Viele Kinder finden nur über Bewegung zur Entspannung. Eine entspannte Haltung der Fachkraft ist hier also gefordert und keine dauernden Ermahnungen. Störungen von außen müssen immer wieder gemeinsam im Team reflektiert werden.
Der Übergang in den Schlaf ist ein hochsensibles Thema. Es muss ausreichend Zeit und Personal vorhanden sein, sodass Kinder hier viel Mitbestimmung erfahren und die Fachkraft ohne Stress auf die Kinder und ihre Rituale eingehen kann – auch wenn das viel Fingerspitzengefühl und Geduld erfordert. Das ist unsere Aufgabe. Auch wenn ein Kind nur im Buggy oder Tragetuch schläft, müssen wir das im Alltag ermöglichen. Das individuelle Schlafen erfordert ein hohes Maß an Sensibilität und Flexibilität vonseiten der Fachkraft. Insbesondere in stressigen Zeiten bei Personalmangel dennoch genügend Ruhe zu transportieren ist wirklich eine große Herausforderung.

Biografiearbeit ist Teil der erfolgreichen Schlafbegleitung

Diese Art von Kita-Kultur wird durch eine intensive Teamarbeit und einen beständigen Austausch gefördert. Fehlt ein verbindliches Konzept, greifen pädagogische Fachkräfte mehr oder weniger unbewusst auf ihre kulturellen sowie biografischen Erfahrungen und die damit verknüpften Annahmen, wie Schlafen zu funktionieren hat, zurück. Dies wiederum wirkt sich auf das Verständnis der Rolle als Fachkraft, die Raumgestaltung, den Ablauf und die Bewertung individueller Schlafbesonderheiten aus. Eine intensive Reflexion der persönlichen Schlafeinstellung ist für eine professionelle Beantwortung der vielfältigen Schlaf- und Ruhearten der Kinder und ihrer Familien in der Kita unabdingbar.

Fragen für die autobiografische Arbeit zum Austausch im Team:

- Was machst du, um neue Kraft zu tanken?
- Fällt es dir leicht, eine Pause einzulegen?
- Wie kannst du dich am besten entspannen?
- Erlebst du Schlaf als wichtig oder eher als Zeitverschwendung?
- Hast du als Kind mittags in der Kita geschlafen und wie war das für dich?
- Wie hast du den Umgang mit dem Thema „Schlafen" in deiner Herkunftsfamilie erlebt und wie hat er dich geprägt?
- In welchen Situationen fiel es dir als Kind leicht und in welchen schwer einzuschlafen?

Methode

Mein liebstes Kuscheltier aus meiner Kindheit

Diese Methode eignet sich sehr gut, um einen Einstieg in das Thema „Schlafen in der Kita" zu finden und sich als Team (noch) besser kennenzulernen. Hierfür bitten Sie Ihre Kolleg:innen, ihr persönliches Kuscheltier oder Übergangsobjekt aus ihrer Kindheit mitzubringen. Das kann auch ein Spielzeug sein oder ein anderer Gegenstand, den sie mit Geborgenheit verbinden, oder ein Foto, auf dem sie mit dem Lieblingsstück zu sehen sind.

Breiten Sie in der Mitte eines Stuhlkreises eine Decke aus. Bitten Sie alle Teammitglieder, darunter ihren Gegenstand zu verstecken, bevor Sie mit der eigentlichen Übung beginnen. Bitten Sie nun, dass reihum ein Objekt unter der Decker hervorgeholt wird. Nun können alle raten, welche Bedeutung es hat und zu welcher Person es passen könnte – diese schildert dem Team dann die Geschichte ihres Lieblingskuscheltiers oder Übergangsobjektes.

Nutzen: In kultur- und altersheterogenen Teams werden die unterschiedlichen Sozialisationserfahrungen deutlich und bewusst. Dies kann zu mehr Verständnis und Toleranz gegenüber Kindern führen.

Die ideale Schlafbegleitung: Willkommen in der Realität!

Manchmal sind das Mittagessen, die Pflege- und Übergangssituationen nach dem Mittagessen und vor dem Schlafen von stressigen Momenten geprägt. Das Team muss schließlich viele verschiedene Anforderungen unter einen Hut bekommen und die Kinder mit ihren unterschiedlichen Bedürfnissen begleiten. Stressmomente führen aber möglicherweise dazu, dass wir die Beziehung zu den Kindern „kappen" und uns in den Funktionsmodus begeben.

Praxisbeispiel

Alles läuft aus dem Ruder

Beim Mittagessen sorgt Moritz für eine Überschwemmung. Infolgedessen müssen sich drei Kinder umziehen. Die Pfützen auf Möbeln und Boden wischt Erzieherin Anna selbst auf, damit es schneller geht. Sie ist sauer und will, dass sich jetzt alle mal beeilen. Moritz fühlt sich unwohl wegen seines Missgeschicks. Ihm stehen Tränen in den Augen. Mia hat schon wieder eine volle Windel. Weil ihr Autonomiestreben gerade sehr stark ist, will sie ihre Windel um jeden Preis anbehalten. Der Geruch ist den anderen Kindern beim Schlafen nicht zuzumuten, findet Anna. Festhalten, Windel wechseln und weiter geht es. Keine Zeit, um Mia sanft zu überzeugen oder sie zur Kooperation zu gewinnen. Beim Zähneputzen verschließt Frieda fest den Mund und Erzieherin Anna spürt ein Brodeln in ihrem Bauch. Als Karl anfängt, den Fußboden mit seiner neuen Zahnbürste zu schrubben, ist Anna mit ihrer Geduld am Ende. Moritz hat sich klein gemacht und hinter der Türe versteckt. Dann fliegen Anna auch noch Tims schmutzige Socken um die Ohren. Er hüpft munter von Matratze zu Matratze. Jetzt reicht es endgültig: Marsch ins Bett mit euch!

Was passiert hier?

Erzieherin Anna hat die anstehenden Aufgaben in der stressbeladenen Situation abgearbeitet. Dabei hat sie jedoch die vier wesentlichen Faktoren, die zur Beziehungspflege nötig sind, ausgeblendet: sich Zeit nehmen, feinfühlig agieren, ungeteilte Aufmerksamkeit und sanfte Berührung schenken. Unerfüllte Bedürfnisse der Kinder und der Erzieherin kommen zusammen. Auch Anna ist, wie die Kinder, müde, sie hat Hunger und muss dringend zur Toilette. Sie sehnt sich nach etwas Ruhe, einer Tasse Kaffee, einem Stück Schokolade und einem Plausch mit ihren Kolleginnen.

Das sind genau die Momente, in denen Mia, Tim, Karl, Frieda und Moritz in eine Überforderungssituation geraten können. Der Verlust von Verbindung und Beziehung entzieht den Kindern das Netz und den doppelten Boden. Sie reagieren auf Annas Verhalten mit heftigen Gefühlen und bringen ihren Unmut zum Ausdruck. Mia schreit vor Wut, Moritz versteckt sich, Karl weint, Frieda motzt und Tim flippt aus. Diese starken Gefühlsausbrüche wiederum können Anna noch stärker in eine Überlastungssituation bringen. Die Chance, in eine liebevolle Begleitung zurückzufinden, sinkt.

Wie kann die Situation gut gelöst werden?

Was können wir als also tun, um mit Kindern in einer guten Beziehung zu sein, vor allem auch in anstrengenden und herausfordernden Situationen? Zunächst einmal vergegenwärtigen wir uns, dass keine pädagogische Fachkraft perfekt ist. Das ist auch gar nicht nötig. Niemand macht zu jeder Zeit alles richtig. Ein Perspektivwechsel kann zur Lösung der Situation beitragen.

Eine prosoziale Haltung und ein positives Menschenbild ist die Grundlage für Entwicklung kognitiver Empathie – die Fähigkeit, Absichten und Gedanken anderer Menschen und deren Motive für ihr Verhalten zu verstehen. Nehmen wir an, Anna reagiert in dieser Weise auf Moritz, dem die Wasserkaraffe umfällt:

- Ich sehe, was du fühlst: *Du wirkst erschrocken.*
- Ich interpretiere deine Körpersprache: *Es ist dir peinlich.*
- Ich habe eine Idee zu deinen Bedürfnissen und Wünschen: *Du wünschst dir Trost und willst selbstwirksam tätig werden, das Wasser also selbst aufwischen.*

Anna nimmt dadurch bewusst einen Perspektivenwechsel vor. Sie betrachtet die Situation durch die Perspektive von Moritz. Daraus erwächst Verständnis: „Oh Moritz, jetzt hast du dich aber gerade erschreckt!" Oder: „Ich sehe, es ist dir peinlich, was dir da gerade passiert ist. Hast du eine Idee, was wir jetzt machen können?" Moritz hätte gewischt und wäre von Anna vielleicht noch bestärkt worden: „Prima, das hast du richtig gut gemacht!" Er wäre gelöst und ohne dieses unangenehme Gefühl von Peinlichkeit zum Schlafen gegangen, das dazu führte, dass er sich versteckte.

Die vier Säulen der Empathie

Dirk Eilert, einer der europaweit führenden Experten für nonverbale Kommunikation und emotionale Intelligenz, bezeichnet Emotionen als Erfüllungsgehilfen für Bedürfnisse (vgl. GFK, 2021). Jede Emotion ist wichtig und hat ihre Berechtigung. An das Bedürfnis hinter der Emotion gelangen wir über Resonanzaussagen und Fragen. („Oh Moritz, jetzt hast du dich aber gerade erschreckt! – „Ich sehe, es ist dir peinlich, was dir da gerade passiert ist. Hast du eine Idee, was wir machen können?")

Es ist möglich, kognitive Empathie in Kombination mit Mitgefühl über vier Säulen zu trainieren und zu steigern.

1. Säule: Emotionale Sprachgenauigkeit – wir erweitern und differenzieren unseren Wortschatz und unsere Begrifflichkeiten für die Bandbreite der Emotionen.
2. Säule: Emotionale Denkgenauigkeit – wir denken differenzierter nach über Gefühle und ihren Ursprung. So gehört Frustration beispielsweise zur Gefühlsfamilie des „Ärgers", Resignation hingegen gehört zur Gefühlsfamilie von „Trauer".
3. Säule: Emotionale Empfindungsgenauigkeit – meine Selbstwahrnehmung differenzieren und als Grundlage nutzen.
4. Säule: Emotionale Signalgenauigkeit – differenzierte Beobachtung der nonverbalen Signale und der Mimik.

Je besser es Fachkräften gelingt, kognitive Empathie gepaart mit Mitgefühl zu entwickeln, umso einfacher wird der Kita-Alltag. Dann wissen wir, dass Kinder nicht herumschreien, weinen, sich verstecken oder motzen, um uns zu ärgern. Das Verhalten ist ihr Ventil, unangenehmen Gefühlen Luft zu machen.

Zeigen Frieda und die anderen Kinder die Anpassungsleistung, „ohne Mucks" ins Bett zu gehen, heißt das nicht, dass ihre Emotionen verschwinden, sie suchen sich lediglich andere Wege. Vielleicht handelt es sich bei ihnen um sozialangepasste Kinder, die es ihrer Erzieherin recht machen wollen. Das Stresskarussell steht für Erzieherin Anna zwar kurzfristig still, wird sich aber weiterdrehen, wenn es ihr nicht gelingt, vom Funktionsmodus in den kognitiv-emphatischen Beziehungsmodus zu wechseln.

Natürlich kann das nie auf ganzer Linie gelingen. Trotzdem ist es ein guter Ansatz, der sich einzuüben lohnt. Kinder verzeihen Fehler, wenn wir sie eingestehen. Wichtig ist jedoch, dass Anna sich selbst mit Zuversicht und Fehlerfreundlichkeit begegnet.

Der persönliche Beziehungsakku

Nach dieser aufgeregten Mittagszeit ist Annas Beziehungsakku, ihre Fähigkeit, mit den Kindern in Beziehung zu bleiben, wahrscheinlich so gut wie leer. Für den Nachmittag reicht das niemals mehr. Jetzt ist Zeit für Selbstfürsorge – um anderen helfen zu können, muss man immer erst sich selbst helfen. Im Flugzeug ziehen Sie auch zuerst selbst die Sauerstoffmaske auf, bevor Sie anderen dabei helfen.

Welche Art von Selbstfürsorge kann Sie unterstützen? Innehalten, in die Natur gehen, Yoga, Power Nap, Kaffeetrinken mit der Freundin, ein spannender Krimi, ein romantischer Film, Sport ...? Sammeln Sie im Alltag „Schätze", schauen Sie auf die schönen Erlebnisse mit den Kindern, freuen Sie sich über gelungene Kontaktmomente. Nutzen Sie Gelegenheiten, Freude zu teilen, kleine Dinge groß zu machen, Erfolge und Entwicklungen bewusst wahrzunehmen und diese im Team auszutauschen.

Behalten Sie die Beziehungsakkus der Kinder im Auge

Wenn Ihr Beziehungsakku gut geladen ist, fällt es Ihnen viel leichter, den Ladezustand der Akkus der Kinder wahrzunehmen. Die Akkus der Kinder brauchen nicht alle die gleiche Energie. Unterschiedliche Beziehungsakkus brauchen unterschiedliche Füllungen. Finden Sie heraus, welche Bedürfnisse, Wünsche, Gefühle Ihnen die Kinder durch ihr Verhalten zeigen. Gerade in der Schlafbegleitung haben Sie hier gute Chancen, die richtige Ladung für die Akkus der Kinder zu finden: Blickkontakt, sprachliche Begleitung sowie achtsame Bewegungen und sanfte Berührungen stärken die Beziehung. Der Mittagsschlaf ist eine intime und persönliche Situation. Kinder geben Kontrolle ab und lassen sich in die Hände des beschützenden Erwachsenen fallen. Der Akku lädt sich auf über eine liebevolle Tonlage, ein freundliches Gesicht, über Berührung und Körperkontakt. Kinder senden deutliche Signale, was ihnen guttut.

Gewaltfreie Kommunikation

Sie wollen sich in feinfühliger Kommunikation üben? Dafür eignet sich „die Sprache des Herzens", auch bekannt als „Giraffensprache" ganz besonders. Sie beruht auf dem Konzept der gewaltfreien Kommunikation (GFK), von Marshall Rosenberg. Die GFK will Menschen nicht zu einem bestimmten Handeln bewegen, sondern sie darin unterstützen, eine wertschätzende Beziehung zu entwickeln. In Folge entwickelt sich mehr Kooperation und gemeinsame Kreativität. Ziel dieser Kommunikationsform ist es, Menschen zu befähigen, im Gespräch Vertrauen und Lebensfreude wachsen zu lassen. Hilfreich ist die GFK in der Alltagskommunikation. Es lohnt sich, sie zur friedlichen Konfliktlösung im persönlichen, beruflichen oder politischen Bereich einzusetzen.

Der Tag gehört den Kindern:

Strukturen flexibilisieren

Der Tag gehört den Kindern: Strukturen flexibilisieren

Frühstück, Mittagessen, Schlafen, Rausgehen, Turnen … – für lange Zeit war es in Kindertageseinrichtungen selbstverständlich, dass Kinder alles gemeinsam zur gleichen Zeit in einer festen Gruppe machen. Nehmen wir Kinder in ihren Bedürfnissen ernst, können wir aber nicht mehr davon ausgehen, dass alle gleichzeitig müde, durstig, hungrig, interessiert, bewegungsaktiv sind. Jeder Mensch hat zwar die gleichen Grundbedürfnisse, diese variieren jedoch in ihrer Präsenz innerhalb eines Tages. Zudem hat jeder Mensch ein individuelles Bedürfnisprofil. Einige Kinder sind sehr autonom, manche benötigen sehr viel Nähe und andere mehr Aufmerksamkeit und Begleitung.

Kitas öffnen sich

Die Kindheit heute wandelt sich grundlegend. Pädagogische Fachkräfte wissen mehr darüber, wie Kinder lernen, und Kitas begeben sich in Öffnungsprozesse. Sie verfolgen das Ziel, Kindern mehr Freiraum, Autonomie, Selbstregulation, entwicklungs-, bedürfnis- und interessensorientierte Lern- und Bildungsmöglichkeiten zu bieten. Damit entwerfen Kitas ein Gegenbild zum Leben in der Familie: Der Alltag der meisten Kinder ist gegenwärtig wesentlich durch den durchterminierten Tagesablauf der Eltern geprägt. Wenn sich dieses durchgetaktete Leben in der Kita wiederholt und fortsetzt, leiden sowohl Kinder als auch Erwachsene unter Stress. Die Kinder erleben weder zu Hause noch in der Kita Muße, die sie dringend benötigen zum Begreifen, Erkennen, Ausprobieren, Erforschen, Verstehen, Spielen, Lernen, Erfahren.

Tagesabläufe flexibilisieren

Um auf kindliche Bedürfnisse zu unterschiedlichen Zeiten differenziert einzugehen, sind eine aufmerksame Begleitung, anregende Bildungslandschaften und ein flexibilisierter, rhythmisierter Tagesablauf wichtig. Die Vision ist, mit Kindern zukünftig „wie in einem Dorf" zu leben. Die Kinder könnten bedürfnisorientiert nach Lust und Laune ihre Spiel- und Lernerfahrungen machen. Als Fachkraft hätten Sie endlich Zeit, die Kinder dabei zu beobachten und zu begleiten. Sie können sich als lernende Gemeinschaft erleben, die neue Energie, Kraft und Kreativität tankt und freisetzt.

Die Entwicklung zur Öffnungsgestaltung ist ein permanenter Prozess und funktioniert nur im Gesamtteam. Voraussetzung ist, die Sichtweise „Meine Gruppe, deine Gruppe" aufzugeben zugunsten der Haltung: „Wir sind als Team gemeinsam verantwortlich für die uns anvertrauten Kinder."
Die Kunst liegt darin, Vernetzungs- und Öffnungsstrukturen zu finden, die für die Einrichtung passend und stimmig sind. Dabei spielt die Geschichte der Kita eine Rolle, ihre Architektur, die Kinderanzahl, das Alter der Kinder und die bisherigen Erfahrungen der Pädagog:innen sowie ihr Rollenverständnis.

Impulse für den Tagesablauf

Ein für Kinder vorhersehbarer Tagesablauf regt das Zeitgefühl von Kindern an. Kinder leben im Hier und Jetzt und müssen ein Gespür für Zeit erst entwickeln. Eine stabile Tagesstruktur schafft einen Rahmen, der das Sicherheitsgefühl eines Kindes stärkt. Für die meisten Kinder ist es genau diese Vorhersehbarkeit in den täglichen Abläufen, die ihnen eine Beteiligung in der Tagesgestaltung ermöglicht. Das betrifft nicht nur den Alltag in der Kita: „In allen Kulturen regeln Wertevorstellungen, Gebräuche, Rituale und Normen die Jahres- und Tagesabläufe. Damit ist sichergestellt, dass Wachen und Schlafen, Essen und Verdauen sowie der Wechsel zwischen Kraftentfaltung und Ruhigstellung einander ergänzen können und den ihnen zukommenden Platz erhalten" (Bodenburg/Kollmann, 2011, S. 67 f.).

Schlafen in der Kita ist immer eingebettet in den Tagesablauf – um die Schlafenszeiten zu flexibilisieren, müssen sich zwangsläufig auch die anderen Strukturen öffnen. Das bedeutet konkret die Gestaltung …

… des morgendlichen Ankommens.
… von Morgenkreis und strukturierten Angeboten.
… selbstbestimmter Spielphasen drinnen und draußen.
… von Mahlzeiten: Frühstück, Mittagessen, Imbiss.
… von Entspannungs-, Ruhe- und Schlafphasen.
… der Bewegungsangebote und -möglichkeiten.
… des Nachmittags in der Kita.

Diese Fragen helfen beim Reflexionsprozess im Team

- Wie lange und wie oft sollten Kinder ohne Unterbrechungen ungestört spielen können?
- Wie viel Zeit wollen wir Kindern zum freien Spielen und Lernen im gesamten Haus einräumen?
- Wie viel „Gruppenzeit" ist (noch) sinnvoll und wofür wollen wir sie nutzen?
- Wie gewährleisten wir, dass sich die Kinder gut aufgehoben fühlen und sich vertrauensvolle Beziehungen entwickeln?
- Welche und wie viele Angebote wollen wir Kindern machen und wie reflektieren wir mit den Kindern ihre Spiel- und Lernerfahrungen, machen sie sichtbar?
- Unter welchen Bedingungen finden die Kinder zu sinnesfroher Esskultur?
- Unter welchen Bedingungen kommen Kinder zu Ruhe, Entspannung, Schlaf?
- Wo im Tagesablauf möchte welches Teammitglied zukünftig die persönlichen Kompetenzen einsetzen und wie wirkt sich das auf den Dienstplan aus?
- Wie lange soll die Probephase (mit anschließender Reflexion) dauern?

Ein Tag in der Krippe

Gerade in der Krippe geben die Grundbedürfnisse der Kinder den Tagesablauf vor. Mahlzeiten, Pflege und Schlafen bestimmen den Takt. Die größte Herausforderung beim Schlafengehen ist die Vielzahl an Bedürfnissen aller Beteiligten: Die Kinder sind nicht nur zu unterschiedlichen Zeitpunkten müde, sie brauchen auch alle ein unterschiedliches Maß an Nähe, Begleitung und Unterstützung. Wie Sie die Individualität der Kinder wahrnehmen und in Ihrem Tagesablauf integrieren können, zeigt dieser beispielhafte offen gestaltete Mittagsablauf. Er ist in weiten Teilen natürlich auch auf die Kita übertragbar.

- **Offene Frühstücks- und Snackzeiten am Morgen und Nachmittag.** Innerhalb eines gewissen Zeitrahmens können die Kinder essen, wenn sie Hunger haben. Die Umgebung ist vorbereitet, die Kinder können selbstständig und in Gemeinschaft essen.
- **Mittagessengruppen zu versetzten Uhrzeiten.** Kinder, die früher Hunger haben und müde werden, gehen mit der ersten Essensgruppe zum Mittagessen (gegen 11:00 Uhr), Kinder, die Essen und Schlaf später brauchen, essen in der zweiten Gruppe (gegen 12:00 Uhr). Dabei werden sie von Pädagog:innen begleitet, die sie gut kennen. Die Essensgruppen können auch am Alter orientiert sein: früher die jüngeren Kinder, die älteren kommen später.
- **Pflegesituation.** Die Kinder waschen Hände und Gesicht, werden gewickelt, wenn nötig.
- **Schlafphase.** Die Räume sind gelüftet, abgedunkelt, gemütlich, wenn die Kinder kommen. Entspannungsmusik kann laufen. Die Betten stehen bereit und die Decke ist schon aufgeschlagen, vielleicht wartet schon das Kuscheltier – oder es wird auf dem Weg dorthin abgeholt. Die Kinder kommen in den Schlafraum – in Begleitung oder werden hier in Empfang genommen –, können Kleidungsstücke ablegen und legen sich in ihre Betten. Individuelle Einschlafhilfen der Schlafbegleitung helfen den Kindern in den Schlaf: zudecken, streicheln, Traumsand verteilen … Jedes Kind bekommt, was es braucht. Den Kindern außerhalb des Schlafraums kann durch ein Schild signalisiert werden, dass sie Rücksicht auf die schlafenden Kinder nehmen sollen und den Lärmpegel niedrig halten.
- **Aufwachphasen.** Kinder, die wach werden, kommen selbstständig aus dem Schlafraum oder werden gebracht. In der Kuschelecke werden sie langsam wach oder sind direkt wieder aktiv und unterwegs. Sie werden begleitet von einer Fachkraft, die auch beim Anziehen helfen kann. Die Kinder verstauen ihre Kuscheltiere und Schnuller und holen ihre Hausschuhe.
- **Ende der Schlafenszeit.** Die Kinder werden nicht abrupt geweckt, sondern der Raum wird stufenweise aufgehellt, die Tür wird geöffnet, damit sich die Geräuschkulisse langsam erhöht.
- **Alternative: Traumstunde.** Die Kinder können sich nach dem Mittagessen der Traumstunde anschließen. Die Fachkraft bereitet ausreichend gemütliche Plätze vor, die Kinder kommen dazu, wenn sie mit dem Essen fertig sind. Ausgeruhte Kinder verlassen die Traumstunde, wenn alle Kinder ausgeruht sind, ist die Traumstunde vorbei. Wenn die Kinder länger Ruhe brauchen als die Fachkraft zeitliche Ressourcen hat, können die Kinder selbstständig weiter ruhen, schlafen und träumen.

Die Bedeutsamkeit von Übergängen

Mikrotransitionen, die kleinen alltäglichen Übergänge! Schauen wir einmal auf Veronika, gerade drei Jahre alt, wie sich ihre Mittagssituation gestaltet.

Praxisbeispiel

Veronika geht zum Essen

Veronika hat im Garten gespielt. Jetzt kommt sie herein, weil sie Hunger hat. Erzieher Michael nimmt sie freundlich in Empfang und unterstützt sie an der Garderobe. Bevor Veronika zum Mittagessen gehen kann, muss sie ihre Matschkleidung ausziehen und die nassen Socken wechseln. Währenddessen erzählt sie Erzieher Michael von der riesigen Pfütze, in die sie ganz oft gesprungen ist und dabei richtig Spaß hatte. Michael und Veronika hängen die nasse Kleidung zum Trocknen auf das Wäschegestell. Veronika will ihre Socken mit Wäscheklammern befestigen. Sie sucht sich eine rote und eine gelbe Klammer aus. Geduldig nimmt sie mehrere Anläufe, die Socken an der Leine zu befestigen. Michael unterstützt derweil andere Kinder, die ebenfalls zum Essen hereinkommen. Veronika stellt fest, ihre Hausschuhe stehen nicht in der Garderobe. Auf Socken darf man nicht ins Kinderrestaurant. Es könnte was verschüttet sein oder Glassplitter könnten auf dem Boden liegen. Veronika setzt sich erstmal hin und nuckelt ein Weilchen am Daumen. Erzieher Michael fragt, was los ist. Gemeinsam überlegen sie, wo Veronika vor dem Rausgehen zuletzt gespielt hat. Richtig, das war im Kirschkernbad und dort liegen die Hausschuhe auch noch. Jetzt noch Händewaschen und dann gibt es Essen. Auf dem Weg zum Kinderrestaurant studieren Veronika und Erzieher Michael die Foto-Speisekarte. Veronika freut sich, es gibt Nudelsuppe. Erzieherin Nina begrüßt Veronika im Restaurant und sorgt dafür, dass sie ihr Mittagessen genussvoll verspeisen kann. Vom Essen geht es ins Bad zum Hände- und Mundwaschen, in Begleitung von Erzieherin Ania. Sie ist zuständig für alles rund um die Situation Mittagsschlaf. Veronika braucht für den Mittagsschlaf noch eine frische Windel. Sie geht zu ihrem Schrank und kommt mit einer Windel und ihrer Creme zurück ins Bad. Während Ania anderen Kindern beim Waschen behilflich ist, klettert Veronika schon mal auf die Wickelkommode. Sie weiß, dass sie warten muss. Sie beobachtet Max. Er macht richtig viel Schaum beim Händewaschen. Das wird sie morgen auch ausprobieren. Jetzt hat Erzieherin Ania Zeit für Veronika. Sie unterhalten sich beim Windelwechsel darüber, was es zum Mittagessen gab und dass Veronika nach dem Mittagsschlaf wieder in der großen Pfütze spielen will. Auf dem Weg zum Schlafraum bringt Veronika die Creme zurück in den Schrank und schnappt sich ihre Schmuseente. Gemeinsam mit Ania und anderen müden Kindern geht Veronika zum Schlafraum. Sie weiß genau, wo ihr Bett steht. Die Bettdecke ist schon aufgeschlagen und die goldene Lampe leuchtet. Veronika macht es sich mit ihrer Kuschelente gemütlich und wartet auf das Schlaflied. Ihr fallen die Augen zu, während Ania das Lied von den schönsten Schäfchen und dem goldenen Mond singt.

Blick in die Praxis

Erzieherin Ania Mazurek aus der Kita die buntspechte berichtet über Veronikas Mittag.

Gerade die Mittagszeit verlangt von den Kindern eine hohe Anpassungsleistung. Die Abläufe gestalten sich sehr komplex. Für Veronika, die erst seit kurzem die Kita besucht, ist es wichtig, in dieser Phase eine gute und sichere Begleitung zu erleben.
Wir erleichtern den Kindern die vielen Übergänge zu dieser Tageszeit durch unseren rhythmisierten Tagesablauf, Fachkräfte mit klaren Zuständigkeiten und feste Rituale. Nach dem Essen ist es auf den Fluren und im Bad etwas trubelig. Deshalb ist es mir wichtig, die weiteren Abläufe und Aktivitäten auf Spannungsabbau auszurichten. Sonst kommen die Kinder schlecht zur Ruhe. Bevor ich die Kinder zum Mittagsschlaf übernehme, sorge ich deshalb bereits für die vorbereitete Umgebung. Ich lüfte, dunkle den Raum ab, sorge für eine gemütliche Beleuchtung schlage die Bettdecken auf. Wir verlassen das Bad gemeinsam. Wir schleichen leise und ich flüstere nur noch. Wenn die Kinder den Schlafraum betreten, haben die Entspannungsmusik und die Beleuchtung Signalwirkung. Die Kinder gehen leise zu ihren Betten, ziehen, wenn sie das möchten, Kleidungsstücke, die sie beim Schlafen stören könnten, aus und schlüpfen gemütlich unter die Decke.

Übergangssituationen in Ihrer Kita

- Welche Übergangsstationen gibt es während der Mittagszeit?
- Welche Wege sind zwischen den Stationen zu bewältigen?
- Sind die Zuständigkeiten der Fachkräfte geklärt?
- Sind die Stationen methodisch so vorbereitet, dass sie den ruhigen Ablauf fördern?
- Müssen alle Kinder die Stationen gleichzeitig durchlaufen, oder könnte eine Entzerrung helfen, Spannungen abzubauen?
- Zu welchen Zeiten ist ein Personalwechsel (Pausen, Arbeitsende) günstig bzw. ungünstig?

Veronika steuert durch den Mittag

Veronika hat ihre Übergänge gut bewältigt, obwohl sie drei unterschiedliche Ebenen betrafen:
Wechsel von Aktivitäten (Spielen, Umziehen, Essen, Pflege, Schlafen), Raumwechsel (Garten, Garderobe, Kinderrestaurant, Bad, Schlafraum) und mehrere Wechsel von Bezugspersonen (Michael an der Garderobe, Nina im Restaurant, Ania im Bad und im Schlafraum).

Durch geschickten Personaleinsatz und klar umrissene Aufgaben der Fachkräfte erhält Veronika „Navigationshilfen" durch die Mittagszeit. Sie erlebt Hilfestellung von zugewandten Fachkräften, denen es wichtig ist, dass es ihr gut geht und sie sich wohlfühlt. Dieses Ziel zu verfolgen ist Teamaufgabe. Schon bald wird Veronika die Abläufe verinnerlichen. In der Folge entwickeln sich ihre Fähigkeiten in Selbstorganisation weiter. Schon bald wird sie sich als autonome Person wahrnehmen, die in der Lage ist, ihren Alltag zu managen.

Übergänge können über den ganzen Tag entscheiden

Gut gestaltete Transitionen entscheiden, ob ein Tag anstrengend und schwierig oder entspannt und harmonisch wird. Planen Sie für die Übergänge lieber einige Minuten mehr Zeit ein, dies schützt vor Eile und damit verbundenem Stress. Betrachten Sie den Zeitraum vor, während und nach dem Übergang.

Nutzen Sie Signale, um Übergänge anzukündigen, das verhilft Kindern zu realisieren, was von ihnen erwartet wird, und sie können sich darauf einstellen. Das kann ein Glöckchen, ein Gong, eine Klangschale oder Ähnliches sein. Ein Tagesablauf, dargestellt mit Fotos, ermöglicht es Kindern, sich zu orientieren. Sie können im Tagesverlauf immer wieder nachsehen, in welchem Tagesabschnitt sie sich im Moment befinden und was noch alles passiert, bis Mama oder Papa zum Abholen kommen.

In der Übergangssituation ist es wichtig, Kinder, die die Abläufe noch nicht verinnerlicht haben, proaktiv zu unterstützen. Sie brauchen eine direkte Ansprache. Hier hilft es, Handlungen sprachlich zu begleiten damit die Kinder diese verinnerlichen und eigenaktiv agieren können.

„Das Kind muss sich nach einer Übergangssituation ‚am Stück' und ‚unversehrt' auf der anderen Seite wiederfinden." Dieser Satz von Gabriele Haug-Schnabel trifft es auf den Punkt (Haug-Schnabel, 2018). Schaffen Sie dafür sogenannte Ankerplätze. In Übergangssituationen entstehen immer wieder Wartezeiten. Gut, wenn Kinder, die auf andere warten müssen, wissen, wo sie das tun können. Ein Ankerplatz kann der runde blaue Teppich vor dem Schlafraum sein, das gelbe Sofa in der Nähe vom Kinderrestaurant oder das Bänkchen im Bad. Dort können sich Kinder unterhalten, ein Fingerspiel spielen, ein Buch anschauen – zu Beginn begleitet von Ankerpersonen. Ankerplätze verhindern Chaos und Durcheinander, das häufig gerade in Übergangssituationen entsteht (vgl. Kramer/Gutknecht, 2016, S. 46 f.).

Die Macht von Ritualen

Mit gut durchdachten Ritualen machen Sie den Alltag und die damit verbundenen Abläufe für die Kinder überschaubar. Rituale teilen den Tag in Teilstücke und wirken vertrauensbildend. Aber: Ausnahmen bestätigen die Regel – auch diese Erfahrung ist wichtig für Kinder und stellt eine Herausforderung und somit eine wichtige Lernerfahrung dar. Zudem sind Rituale regelmäßig auf ihren Sinn und ihre Wirkung zu überprüfen. Unreflektiert werden sie sonst leicht zu einem starren Regularium, das Kinder funktionalisiert, statt ihnen zu helfen, den Tag zu ordnen.

Der Traumtropfen

Machen Sie es sich vor dem Schlafengehen gemeinsam gemütlich (gedämpftes Licht). Nehmen Sie ein gutes Baby- oder Massageöl, zum Beispiel mit Lavendel (wirkt entspannend), und tropfen Sie erst dem Kind, dann sich selbst einen Tropfen in die Handflächen.
Führen Sie den Traumtropfen als etwas Besonderes ein – Kinder lieben kleine magische Momente. Wie fühlt sich das Öl in den Händen an? Wie riecht es? Jeder für sich verreibt das Öl in den Händen – oder massieren Sie es dem Kind sanft ein.

Kinder einer Gruppierung erleben im Alltag gemeinsam sich stetig wiederholende Rituale. Das trägt zum Zusammenhalt bei, schafft Verbundenheit und ein Gefühl von Zugehörigkeit. Ganz nebenbei erleben Kinder Normen und Werte einer sozialen Gemeinschaft. Ein großes Lernfeld! Im Sinne der Salutogenese tragen Rituale und Rhythmen im Tagesablauf zu einem guten Lebensgefühl bei und unterstützen die Bildung von Resilienz.

Rituale in unserer Kita

Die Kinder suchen sich ein Bilderbuch aus, das sie mit zu ihrem Bett nehmen und sich anschauen. Dazu läuft leise Entspannungsmusik.

Die Kinder verstecken sich unter der Decke, werden entdeckt und bekommen einen Wunschtraum ins Ohr gepustet.

Vorsingen und dabei bei jedem Kind am Bett sitzen und kurzen Körperkontakt herstellen, je nachdem, was die Kinder mögen.

In einer Gruppe rieseln Träume aus den Händen der Erzieherin auf die Kinder, in einer Gruppe gibt es ein Gute-Nacht-Buch, bei dem auf jeder Seite symbolisch das Licht ausgeschaltet wird.

Nach dem Mittagessen gibt es als tägliches Ritual eine Vorleserunde, von dort geht es in den Schlafraum oder alternativ wieder zum Spielen.

Die müde Maus (eine Handpuppe) gähnt herzhaft, drückt Freude aus darüber, dass sie endlich schlafen darf, kuschelt kurz mit jedem Kind, sagt gute Nacht und schläft in einem Puppenbett.

Sinnvoller Personaleinsatz und flexible Dienstpläne

Um einen flexiblen Tagesablauf an den körperlichen und psychischen Grundbedürfnissen der Kinder ausgerichtet zu gestalten, braucht es organisatorisch viel Transparenz und Flexibilität von allen Teammitgliedern. Doch wie lässt sich das umsetzen und gleichzeitig Personalmangel auffangen?

Ein **Tagesprotokoll** zum Beispiel, eine Art Stundenplan, regelt, welches Teammitglied zu welcher Zeit in welchem Raum ist oder welche Aufgabe übernimmt. So sind Zuständigkeiten immer transparent. Wenn jemand kurzfristig ausfällt, ist sofort ersichtlich, wo noch personelle Ressourcen verfügbar sind. Absprachen im Alltag sind das A und O: Besprechen Sie kurz vor dem Mittagessen, wer die Kinder nachher in den Schlafraum begleitet, welche Kinder wach bleiben … So sind alle auf dem aktuellen Stand.

Legen Sie für jedes Ressort eine **Vertretungskraft** fest, die alle Abläufe kennt und unkompliziert übernehmen kann. Vor allem bei der Schlafbegleitung geht es um Sicherheit und Beziehung und nicht um einen Punkt auf der To-do-Liste. Daher kennt die Vertretungskraft auch die Rituale und die individuellen Schlafgewohnheiten der Kinder.

Eine **Streichliste** entlastet und wirkt einem schlechten Gewissen vor: Definieren Sie, was im Notfall auch mal wegfallen kann. Das Zähneputzen nach dem Mittagessen bindet eine Kollegin für 1,5 Stunden. Wenn es mal ausfällt, bekommt kein Kind deswegen Karies. Ein Fingerfood-Picknick im Garten statt eines aufwendigen Zwischenimbisses im Kinderrestaurant ist für die Kinder sogar ein Highlight.

Pausen können in einen festen Zeitraum gelegt werden, zum Beispiel zwischen 11:30 Uhr und 13:30 Uhr. Bei Engpässen wird dieser Zeitraum erweitert, das Team bleibt flexibel und niemand muss auf seine Pause verzichten.

Verändern sich Anforderungen an das Tagesprotokoll oder melden sich große und kleine Bedürfnisse außerhalb der vorgesehenen Zeiten, muss das Team darauf reagieren. Ruhe und Gelassenheit in stressigen Zeiten wirkt sich auch positiv auf die Kinder aus. Vom Team verlangt das ein hohes Maß an Flexibilität – bleiben Sie miteinander im Gespräch, wo es hakt und was noch besser organisiert werden kann.

UHRZEIT	REZEPTION	RESTAURANT	BAULAND	ATELIER	INFOS/ VB ZEITEN
07.00				RaumBildung	
07.30	T.	N.	S.		
08.00	T.	E.	M. S.	P. B.	
08.30	T.	E.	M. S.	P. B.	
09.00 Morgen- kreis			**Mittleren** S. ML P. B.	**Kiko** A. O. Chr.	
09.30	T.	E.	M. S.	P. B.	
10.00	T.	E.	M. S.	P. B.	
10.30	T.	E.	M. S.	P. B.	
11.00	T.	E.	M. S.	P. B.	

Regelungen zur Aufsichtspflicht

Aufsichtspflicht und Schlafbegleitung im Überblick

- Je jünger die Kinder, desto enger müssen sie begleitet werden. Bei Kindern bis zu etwa 2 Jahren sollte immer eine Aufsichtsperson im Raum sein. Muss diese kurzfristig den Raum verlassen (z. B. zur Toilettenbegleitung), muss eine akustische Überwachung, zum Beispiel ein Babyphon, mitgeführt werden.
- Nur auf das Babyphon verlassen ist keine Option: Erbrechen oder Atemnot könnten überhört werden.
- Bei älteren Kindern kann eine Beaufsichtigung aus dem angrenzenden Gruppenraum mit stichprobenhaften Kontrollen reichen, wenn der Schlafraum einsehbar ist.
- Im besten Fall grenzt der Schlafraum direkt an den Gruppenraum oder befindet sich in unmittelbarer Nähe, damit Kinder, die früher aufwachen, sicher zum Gruppenraum gelangen oder die Aufsichtsperson durch Toilettenbegleitung nicht zu lange weg ist oder das Stockwerk wechseln muss.

Kinder haben heutzutage weit weniger Freiheiten als die Generationen vor ihnen. Pädagogische Fachkräfte beobachten ein hohes Kontroll- und Sicherheitsbedürfnis bei Eltern. Die Angst und Sorge, dass ihren Kindern etwas Schlimmes zustoßen könnte, ist allgegenwärtig. Manchmal kann schon ein aufgeschürftes Knie die Frage nach sich ziehen, ob das Kind denn ordentlich beaufsichtigt wurde. Schnell wird pädagogischen Fachkräften unterstellt, sie hätten eine zu laxe Einstellung zur Aufsichtspflicht und würden nicht richtig aufpassen.

In der Folge fragen sich verunsicherte Fachkräfte, ob sie sich wirklich korrekt verhalten. Gerade im Zusammenhang mit der Schlafsituation kommen immer wieder Fragen zum Thema Sicherheit auf. Grundsätzlich gilt: Was pädagogisch nachvollziehbar ist, kann keine Aufsichtspflichtverletzung sein. Die Unfallkassen geben darüber hinaus Auskünfte über die rechtlichen Bestimmungen zur Aufsichtspflicht.

Die Kooperation *mit den Eltern*

Die Kooperation mit den Eltern

Krippen und Kitas sind nicht nur Orte für Kinder, sondern Orte für Familien. Ziehen Eltern und pädagogische Fachkräfte an einem Strang, wirkt sich das positiv auf die Gestaltung einer kindgerechten Frühpädagogik aus. Die Familie hat den größten Einfluss auf die frühkindliche Entwicklung. Krippe und Kita kommen als zweite Lebenswelt hinzu. Dass auch Kleinkinder heute einen Großteil ihres Tages in Kindertageseinrichtungen verbringen, hat konzeptionelle Konsequenzen für die Kita: Sie ist als wichtiger Lebensraum der Kinder zu betrachten, in dem alle Alltags-Erfahrungen von Bedeutung sind – auch das Schlafen nimmt einen wichtigen Raum ein.

Schlaf: Ein wichtiges Thema im Aufnahmegespräch

Um es Kindern zu ermöglichen, sich in ihrer neuen Lebenswelt wohlzufühlen, braucht es den Austausch und die Zusammenarbeit von Eltern und Fachkräften. Ein wichtiges Thema ist die Tagesstruktur zu Hause und in welcher Weise die Kita bedürfnisorientiert anknüpfen kann. Eltern sind im häuslichen Umfeld die Experten für ihr Kind. Sie wissen genau, wie sie die Bedürfnisse ihres Kindes angemessen erfüllen können. Es lohnt sich, hier gut zuzuhören. Dies erleichtert es Ihnen als pädagogischer Fachkraft, möglichst schnell für dieses Kind zur Expert:in in der Kita zu werden, der es gelingt, die Schlafsituation feinfühlig und beziehungsorientiert zu begleiten.

Es ist vorteilhaft, schon im Aufnahmegespräch zu erfahren, dass Max häufiger schlafen muss und ihm ein Mittagsschlaf nicht ausreicht. Die Eltern berichten, dass Max sein Müdigkeitsgefühl noch nicht einordnen und somit auch nicht äußern kann. Er fühlt sich einfach unwohl und jammert. Gut zu wissen! So können Sie sein Verhalten einordnen und ihm Nähe und Zuwendung geben. Darauf ist Max nämlich bei Müdigkeitsattacken dringend angewiesen, erzählt der Vater. Wenn die Eltern und Sie als pädagogische Fachkraft im Hinblick auf Schlaf- und Ausruhphasen im partnerschaftlichen Sinne zusammenarbeiten, stärkt dies Max' Vertrauen in seine neue Lebensumwelt.

Fragen, die Eltern im Hinblick auf Mittagsruhe und Mittagsschlaf in Krippe und Kita interessieren könnten

Darf mein Kind seine persönlichen Schlafsachen mitbringen?

Wird mein Kind seinen festen Platz zum Schlafen haben?

Wie dunkel ist es in dem Schlafraum, kann ein kleines Licht brennen?

Bleibt jemand bei meinem Kind, bis es einschläft? Schaut jemand nach ihm?

Darf mein Kind ausschlafen oder wird es geweckt?

Darf mein Kind spielen, wenn es nicht müde ist?

Was passiert, wenn der Schlafrhythmus meines Kindes nicht zu den festen Schlafzeiten passt?

Gibt es Rituale für den Mittagsschlaf?

Darf mein Kind aufstehen, wenn es nicht einschläft oder den Mittagsschlaf beendet hat?

Was passiert, wenn mein Kind seinen Schnuller oder sein wichtiges Tuch oder Kuscheltier verliert?

Kann mein Kind in der Kita zum Mittagsschlaf eine Windel bekommen?

Was passiert, wenn mein Kind schlecht träumt und weinend aufwacht?

Kultursensible Eingewöhnung

Jede Kultur hat ihre eigene Sichtweise auf Familie, Erziehung und Bildung. Deutsche Bildungs- und Erziehungspläne basieren auf dem Bild vom Kind als ein von Geburt an autonomes Wesen. Dies steht häufig im Gegensatz zu der Vorstellung von Familien anderer Kulturen. Diese Unterschiede zu realisieren und zu verstehen ist die Basis einer professionellen Haltung. Für viele Eltern mit Migrationshintergrund sind Werte wie Familienzusammenhalt und Gemeinschaft von größter Bedeutung, sie erziehen verbundenheitsorientiert. In einer Industrienation wie Deutschland dominiert dagegen bei vielen Eltern die Orientierung an Erziehungswerten wie Autonomie und Individualität (vgl. Borke, 2018, S. 32).

Die Ausrichtung auf Autonomie beeinflusst viele Alltagshandlungen in der Kita. Pädagogische Fachkräfte bestärken Kinder, sich selbst an- oder auszuziehen, sich am Wasserspender selbst zu bedienen, auf die Wickelkommode selbst zu klettern, sich das Mittagessen selbst aufzuschöpfen, ihr Bett selbst zu machen oder benutztes Spielzeug selbst aufzuräumen.

Agieren Sie responsiv, erklären Sie im Erstgespräch unbedingt, wie sie mit den Kindern umgehen und welche Intention dahintersteht. So vermeiden Sie Irritationen und Fehleinschätzungen. Leicht könnten Eltern mit Migrationshintergrund die Orientierung an Selbstständigkeit schlicht für eine Verweigerung von Zuwendung halten. Am Ende fallen Sie in die Kategorie „lieblos und desinteressiert“ und alle Ihre Bemühungen um eine gute Zusammenarbeit sind nichtig.

Die wichtige Rolle des Übergangsobjekts

Jetzt ist es an der Zeit, von Herrn Bär zu erzählen. Herr Bär ist etwa 62 Jahre alt und hat sich recht gut gehalten, obwohl ihm ein Ohr und ein Arm fehlen. Er trägt noch immer die roten Schuhe, die mein Vater ihm nähte. Ich hatte Angst, er könnte wegen seiner kalten Füße krank werden. Wenn ich ihn heute anschaue, spüre ich seinen wohlwollenden und freundlichen Blick, wenn seine Glasaugen auf mir ruhen. Herr Bär hat mich in dunklen Nächten auf dem Weg aus dem Kinderzimmer in das Elternbett begleitet. Er hat meinen Kummer ertragen und schenkte Trost, als mir meine beste Kindergartenfreundin die Freundschaft kündigte. Ich lag viele Jahre in seinem Arm beim Einschlafen. Er gab mir Sicherheit, Geborgenheit und Wärme. Er begleitete mich am ersten Kindergartentag auf meinem Weg. Ich weinte bitterlich, weil er nicht bleiben durfte. Wenn ich zum Kinderarzt musste, sprach er mir Mut zu. Zu Übernachtungen bei den Großeltern und auf meiner ersten Flugreise im Alter von fünf Jahren war er mir ein treuer Reisebegleiter. Herr Bär kennt sämtliche Geheimnisse, Sorgen und Freuden meiner Kindheit. Ich habe ihm viel zu verdanken.

Einfaches Kuscheltier oder bester Freund?

Heute würde man Herrn Bär, dieses wunderbare Wesen, als Übergangsobjekt bezeichnen. Unglaublich, so ein seelenloser Begriff, für Gegenstände, die für Kinder das Universum sind. Einem Kind sein Kuschelobjekt vorzuenthalten oder wegzunehmen, aus welchen Gründen auch immer, ist eine grausame Handlung, die mit Konsequenz und Erziehung nichts zu tun hat.

Wenn Sie als pädagogische Fachkraft immer wieder mal davon genervt sind, all die verlegten Mausis, Schnuffis, Lilis, Paulchens, Bobos oder Katzis aufzufinden, denken Sie an Herrn Bär und bleiben Sie gelassen. Die Suche lohnt sich. Erlöste Kinderaugen werden sie freudig anschauen und ihnen das sonnigste Strahlen des Tages schenken. Mausi und Bobo sind schließlich nicht irgendwer, sondern eine Persönlichkeit! Heißen Sie all diese Lieblinge willkommen. Katzi, Paulchen oder Lili erleichtern Ihnen die Arbeit und haben beste Chancen, zu Ihren liebsten Teammitgliedern zu avancieren.

Herausforderungen meistern – aber nur mit dem Teddy!

Vor allem bei der Bewältigung herausfordernder Situationen machen die Übergangsobjekte einen wichtigen Job. Sie bieten den Kindern Sicherheit und unterstützen sie bei Übergängen im Alltag, beispielsweise von der Familie in die Kita oder vom Wachen zum Schlafen. Übergangsobjekte helfen bei der Regulation negativer Emotionen, wie Unsicherheiten und Ängsten. Paulchen und Katzi spenden wunderbar Trost und beruhigen bei innerer Aufruhr.

Colja Bahrenberg bezeichnet die Übergangsobjekte als bedeutsame Begleiter des Kindes in seiner frühen Entwicklung: „Kommen Kinder in die Krippe / Kita haben sie bereits gelernt, dass Mama und Papa […] eigenständige Personen und nicht immer verfügbar sind. Verbunden mit dieser Erkenntnis entstehen Verlustgefühle. Das Kind erfährt, dass es nicht allmächtig ist und seine Bedürfnisse nicht immer und sofort von den Eltern gestillt werden können. Im Gegensatz zu den Eltern ist das Übergangsobjekt jedoch stets verfügbar" (Bahrenberg, 2016, S. 32). Nicht jedes Kind geht eine enge Beziehung mit einem Übergangsobjekt ein und mit der Zeit verliert es seine Bedeutung, aber für das Meistern von Herausforderungen spielt es oft eine entscheidende Rolle.

Übergangsobjekte

Ein Übergangsobjekt ist nach der psychoanalytischen Objektbeziehungstheorie ein vom Kind selbst gewähltes Objekt, das den (intermediären) Raum zwischen Kleinkind und Mutter einnehmen kann. Es ist meist ein materielles Objekt (Kuscheltier, Schmusedecke, Schmusetuch o. Ä.), das dem Kind erlaubt, den Übergang von der ersten frühkindlichen Beziehung zu den Eltern zu reiferen Beziehungen zu vollziehen. Häufig tritt dieses Phänomen im Alter von 4 bis 12 Monaten auf.
Der Begriff geht auf Donald Winnicott zurück – einen englischen Kinderarzt und Psychoanalytiker, der als einer der wichtigsten Vertreter der Objektbeziehungstheorie gilt.

Bindeglied zwischen zwei Welten

Das Übergangsobjekt verbindet das eigene Zuhause mit der Kita. Diese beiden Lebenszusammenhänge wirken ineinander und sollten daher gemeinsam in den Blick genommen werden. Führen Sie Gespräche mit den Eltern über Gewohnheiten und Rituale in den Familien. Fragen Sie, wie die Eltern über den Umgang mit den geliebten Objekten ihrer Kinder denken und welche Wünsche sie hinsichtlich des Umgangs damit in der Betreuungszeit haben.

Die meisten Eltern lassen die enge Beziehung des Kindes zu einem bestimmten Objekt zu, sie erinnern sich vielleicht an ihre Kindheit. Sie wissen um die besondere Bedeutung dieser Beziehung, auch ohne dass sie sich mit den theoretischen Hintergründen befasst haben. Sie verlassen sich auf ihr Gefühl. Nicht zuletzt erleichtert das verlässliche Übergangsobjekt den mitunter turbulenten Alltag mit kleinen Kindern sowohl zu Hause als auch in der Kindertagesstätte.

Praxisbeispiel

Alex und Sobaka

Das ist Alex mit Sobaka auf dem Weg zum Kindergarten. Seine Großmutter berichtet, dass dieser Hund in Form eines Kissens Alex' wichtigster Lebensbegleiter ist. Alex ist es gewohnt, an verschiedenen Orten zu schlafen: zu Hause bei Papa, zu Hause bei Mama, in der Kita, bei Oma und Opa mütterlicher- und väterlicherseits. Oma N. vermutet, dass sich Alex seinen Lebensumständen deshalb so flexibel anpassen kann, weil er Sobaka hat. Sie empfindet seine Beziehung zu dem Hund als sehr innig. Alex bezeichnet ihn als seinen besten Freund. Bei ihm sucht er Trost, wenn er sich verletzt hat oder traurig ist. Einschlafen ohne Sobaka ist für Alex unmöglich. Es ist oberstes Gebot aller Familienmitglieder, zu überprüfen, dass Sobaka mit von der Partie ist. Ihn zu vergessen, hätte eine schlaflose Nacht und ein untröstliches Kind zur Folge. So wurden zur Vermeidung dieser Situation schon viele zusätzliche Autofahrten unternommen und Ersatz angeschafft. Über den Ersatz empörte sich Alex äußerst ungehalten: Einen Freund könne man nicht einfach austauschen – recht hat er!

Abschied ist nicht immer leicht

Der Abschied zwischen Armin und seinem Papa gestaltet sich häufig schwierig. Erzieher Murad hat den Eindruck gewonnen, dass dem Vater der Abschied schwerer fällt als dem Sohn. Der Vater würde den Tag gerne entspannter beginnen und morgens mehr Zeit mit seinem Sohn verbringen. Allerdings wartet sein Arbeitgeber. Indem er Armin den Schnuller in den Mund und sein Schmusetuch in den Arm drückt, erleichtert er sich den Abschied. Dieses morgendliche Ritual braucht Armins Vater um besser loslassen zu können. Armin spürt das innere Bedauern seines Vaters und übernimmt dessen Verunsicherung, indem er Schnuller und Kuscheltuch annimmt und zu weinen anfängt. Nach einer kurzen Zeit des Trostes gibt Armin Schnuller und Schmusetuch ab, wendet sich den anderen Kindern zu und beginnt zu spielen.

Gesprächsangebote an die Eltern speziell zum Themenbereich „Abschied – vorübergehende Trennung vom Kind – Umgang mit Schnuller und Kuscheltieren" sind sinnvoll. Gemeinsame Reflexionen und Rückschlüsse reduzieren ambivalente Gefühle und führen zu mehr Klarheit und Sicherheit. In der Folge eröffnet sich dem Kind die Chance, seinen Bedürfnissen und seinem Bestreben nach Autonomie und Kompetenz nachzugehen.

Blick in die Praxis

Erzieher Murad berichtet:

Wir haben im Team und gemeinsam mit den Kindern Rituale und Orientierung vermittelnde Strukturen entwickelt, die es Kindern leicht machen, sich mit der Zeit von Übergangsobjekten zu lösen und sich dafür anderen interessanten Dingen zuzuwenden. So gibt es zum Beispiel einen Wandbehang mit Taschen. Hier hat jedes Kind seinen sicheren Platz für Schnuller und Co und seine persönlichen Rituale. Armin küsst seinen Schnulli, bevor er ihn in der Tasche versenkt. Anna winkt ihrem Teddy jedes Mal zu, wenn sie am Wandbehang vorbeiläuft, und Mias Schäfchen bekommt freundliche Streicheleinheiten, wenn Mia gut gelaunt ist. Ist sie sauer, muss das Schäfchen es auch mal aushalten, auf den Boden geworfen zu werden und Fußtritte einzustecken. Zum Glück ist sein Fell strapazierfähig und nachtragend ist das Schäfchen auch nicht.

Jedes Kind gestaltet den Prozess des „Loslassens" auf seine eigene, ihm entsprechende Art und Weise und in seinem eigenen Tempo. Worauf es ankommt, ist, Kindern Zeit zu geben und sie auf ihrem individuellen Weg zu begleiten. Jede Familie hat ihre individuellen persönlichen und familiären Gegebenheiten, bestehend aus kindlichen Bedürfnissen und elterlichen Zweifeln, Sorgen und Ansprüchen. Das alles gehört zum Kind. Deshalb braucht auch jedes Kind etwas anderes. Für mich ist es selbstverständlich geworden, dass Kinder ihre Lieblinge mitbringen, um Fremdheit zu überwinden und in der Kita gut entspannen und schlafen zu können. In unserem Konzept findet sich der Satz: „Übergangsobjekte nehmen eine Brückenfunktion zwischen dem Zuhause der Kinder und der Krippe und dem Kindergarten ein und sind jederzeit willkommen.

Mittagsschlaf in der Kita: Ein sensibler Teil der Eingewöhnung

In der Kita muss das Kind nicht nur die Trennung von den Eltern bewältigen – sondern auch den Beziehungsaufbau zu neuen Bezugspersonen. Das folgende Beispiel von Mara verdeutlicht diesen Prozess.

Praxisbeispiel

Mara lernt, in der Kita zu schlafen

Mit dem Besuch der Kita erlebt Mara eine völlig neue Welt. Hier gibt es außer ihr noch viele andere Kinder, die Anke, ihre Erzieherin, für sich beanspruchen. Das kennt Mara noch nicht. Die meiste Zeit des Tages verbrachte sie allein mit ihrer Mutter. Von nun an ändern sich einige Alltagsroutinen und Rituale für Mara. Den Mittagsschlaf wird sie nun nicht mehr in ihrem eigenen Bett machen. Mama wird nicht mehr neben ihr sitzen und ein Schlaflied singen. Nein, sie wird mit mehreren Kindern, die ihr noch fremd sind, in einem Zimmer schlafen. Das ist nicht leicht für Mara.

Mara fallen fast die Augen zu, aber sie ist nicht dazu zu bewegen, sich hinzulegen. Schreiend läuft sie aus dem Schlafraum. Mara besucht die Kita erst seit drei Wochen. Sie fängt gerade an, ihre neuen Bezugspersonen kennenzulernen und zu akzeptieren. Mara ist noch zurückhaltend, erzählt aber zu Hause, dass sie Anke mag. Obwohl Anke freundlich mit Mara spricht und ihr versichert, dass Schlafen in der Kita ganz gemütlich ist, schüttelt sie den Kopf. Sie will nicht!

Möglicherweise hat Mara noch nicht genügend Vertrauen aufgebaut, um sich sicher zu fühlen. Vielleicht sind ihr die Situation und der Raum noch fremd.
Mara schläft schließlich auf Ankes Arm ein. Was tun? Das schlafende Kind im Schlafraum ablegen oder auf dem Arm behalten?

Anke beschließt, sich in einen bequemen Sessel zu setzen, um Mara ihre körperliche Nähe spüren zu lassen. Während Mara ihr Nickerchen macht, schauen sich andere Kinder Bilderbücher an und unterhalten sich leise mit Anke. Sie wissen, dass Mara neu in der Kita ist und vor Müdigkeit laut weinte. Sie nehmen Rücksicht und zeigen hiermit eine gute emotionale und soziale Kompetenz. Nach einer knappen halben Stunde wacht Mara genau in der Situation auf, in der sie einschlief. Sie lächelt Anke an, nimmt sich Zeit, wach zu werden, um dann wieder in Kontakt zu den anderen Kindern zu treten.

Nachdem sich diese Szene mehrfach wiederholte, legte Anke die schlafende Mara in ihr Bett im Schlafraum und blieb neben ihr sitzen. Das hatten beide so besprochen. In der nächsten Phase zeigte sich Mara bereit, sich mittags hinzulegen. Sichtlich genoss sie die Rituale und kuschelte sich in ihre Decke. Sobald die meisten Kinder schliefen und Anke den Raum verließ, ging Mara mit. Aber eines Tages war es so weit. Mara fühlte sich geborgen und sicher, um in einen tiefen erholsamen Schlaf zu fallen. Nach ein paar Wochen schläft Mara selbstverständlich in der Kita. Sie konnte erfahren und lernen, dass Anke sich auf ihr Tempo einließ.

Wechseln Sie in die kindliche Perspektive:

Haben Sie schon einmal allein in einem fremden Haus geschlafen oder im Schlafsaal einer Jugendherberge, im Mehrbettzimmer einer Klinik? Ist es Ihnen leichtgefallen, dort einzuschlafen? Wurde Ihre Fantasie durch ungewohnte Geräusche, die sie nicht zuordnen konnten, angeregt und welche Gefühle hat das ausgelöst? War Ihr Schlaf unruhiger als zu Hause? Was haben Sie vermisst? Wie haben Sie sich gefühlt?

Wer schlafen will, braucht Sicherheit

Herbert Renz-Polster beschreibt den Schlaf als eine gefährliche Sache: Wer schläft, ist machtlos, kann weder fliehen noch sich verteidigen. Gut schlafen kann nur, wer sich sicher fühlt (vgl. Renz-Polster, 2017, S. 4).

Wenn die pädagogische Fachkraft nun den Anspruch hätte, dass sich Mara, komme, was da wolle, einfügt, wäre das fatal für die vertrauensvolle Entwicklung der Beziehung zwischen Kind und Erzieher:in. Kinder sind keine fremdgesteuerten Objekte, die auf Knopfdruck funktionieren. Sie sind Individuen, ausgestattet mit Würde und einem freien Willen. Mara soll sich nicht wehr- und hilflos der Situation ausgeliefert fühlen. Gerade wenn sie müde ist, braucht sie Sicherheit.

Mara hat in Anke eine verlässliche und feinfühlige Bezugserzieherin gefunden, die sie in ihrer Eingewöhnungsphase bedürfnisorientiert, respektvoll und emphatisch begleitet hat. Anke hat Geduld und Professionalität bewiesen. Der Grundstein für eine geborgene Kita-Zeit ist gelegt. Ein gutes Zeichen, Mara exploriert und erobert mutig die Kita-Welt!

Was passiert während des Beziehungsaufbaus zwischen Kind und Fachkraft?

Wenn das Kind so weit ist und sich sicher und geborgen fühlt, kann es den Blick nach außen richten. Es kann dann seine neue Kita als interessanten und spannenden Lebens- und Lernraum wahrnehmen. Davor liegt ein Prozess, der der Fachkraft hohe persönliche Disziplin, Präsenz, Empathie und Zuverlässigkeit abverlangt: das Kind mit all seinen Gefühlen, Fragen und Gedanken, seinen individuellen Besonderheiten und seiner Lebenssituation aufmerksam zu begleiten. Stetig gleiche Abläufe, Regeln und Rituale helfen in der Zeit der Eingewöhnung, dass Kinder die Kita als sicheren Ort erleben.

Anforderungen, die neue Kinder mit dem Mittagsschlaf bewältigen müssen

- *Sich in einer neuen Lebenswelt mit verändertem Schlafarrangement orientieren.*
- *Gemeinsam mit anderen Kindern in einem Zimmer schlafen.*
- *Neue Werte, Regeln, Rituale, Abläufe und Schlafkulturen erfahren.*
- *Veränderte Erwartungen an das eigene Verhalten erleben.*
- *Eine Beziehung zur Schlafbegleiterin eingehen und ihr zu vertrauen lernen.*

Im Gespräch bleiben: Dokumentation der Schlafsituation

Kinder entwickeln sich weiter, Lebenssituationen verändern sich, Eltern sind in Sorge oder unsicher, besondere Erlebnisse und Erfahrungen zu verpassen – es gibt viele Gründe, über die sich Eltern und Fachkräfte austauschen. Gerade sehr junge Kinder oder Kinder mit Behinderung, die in ihrer Kommunikation eingeschränkt sind, können nicht erzählen, was sie in Krippe und Kita erleben, was ihnen dort gefällt und was nicht. Wenn Eltern hier kurze Rückmeldungen beim Abholen bekommen, ist das für sie sehr hilfreich. Vielleicht haben Eltern Bilder im Kopf, die mit der Realität nicht übereinstimmen. Auch eine Lerngeschichte ist eine schöne Möglichkeit – im folgenden Beispiel schreibt Erzieherin Gaby an Emma einen Brief.

Liebe Emma,

nun bist du fast vier Jahre alt und schon ein ganzes Jahr in der Kita. Ich erinnere mich noch gut daran, als wir zum ersten Mal in den Schlafraum zum Mittagsschlaf gingen. Von zu Hause hattest du deine Decke, dein Kissen und deine Schmusegiraffe mitgebracht.
Es war dir wichtig, dass ich mich neben dich setzte und deine Hand hielt, bis du eingeschlafen warst. Vorher musste ich noch Sternenstaub über dir ausstreuen. Das machte deine Mama zu Hause immer. Heute reicht der Sternenstaub und dass ich im Zimmer bin. Immer warst du mittags um 12.00 Uhr müde und bist ganz schnell eingeschlafen. Nach eineinhalb Stunden bist du fröhlich wieder aufgewacht und warst für den Nachmittag fit. Seit einigen Tagen sagst du um 12.00 Uhr, dass du nicht müde bist und nicht schlafen möchtest. Dann gehst du spielen. Nach kurzer Zeit kommst du meistens ins Zimmer geschlichen und legst dich doch hin. Oft schläfst du ein. Wenn nicht, stehst du wieder auf, wenn alle schlafen und ich den Raum verlasse. An manchen Tagen kommst du gar nicht mehr in den Schlafraum. Dann spielst du im Garten und ruhst dich zwischendurch in der Hängematte aus. Wir beide, du und ich, haben das deiner Mama erzählt. Sie hat den gleichen Eindruck wie ich, dass du, liebe Emma, sehr genau weißt, was du brauchst, und gut für dich selbst entscheiden kannst. Da hast du wirklich etwas Tolles gelernt.

Liebe Grüße von deiner „Schlaffee" Gaby

Konstruktiver Dialog bei unterschiedlichen Ansprüchen

Berichten Fachkräfte von Auseinandersetzungen mit Eltern zum Thema Schlafen, geht es oft darum, dass man das Kind schlafen lassen soll, aber nur eine Stunde, dass man es gar nicht schlafen lassen soll, dass es unter allen Umständen geweckt werden soll … Die Gründe hierfür sind unterschiedlich. Davon berichtet Familie Roth:

Praxisbeispiel

Marie hält alle auf Trab

Herr und Frau Roth sind völlig erledigt, seit mehreren Wochen schon geht ihre Tochter Marie, drei Jahre und acht Monate alt, abends nicht vor 22.00 Uhr ins Bett. Sie ist putzmunter und vorher einfach nicht müde. Im Gegensatz zu ihren Eltern, die spätestens um 22.30 Uhr todmüde und erschöpft ins Bett fallen. Frau Roth berichtet im Elterngespräch, wie sehr ihr der persönliche Feierabend fehlt. Sie und ihr Mann fänden kaum noch Zeit für Entspannung, ruhige Gespräche und kleinere Freizeitaktivitäten wie einen Film anschauen oder in Ruhe die Zeitung zu lesen. Morgens ist Marie als Erste wach und sofort bereit, Bäume auszureißen. An ihrer Familiensituation müsse sich dringend etwas verändern, darüber sind sich die Eltern einig. Ob es wohl möglich wäre, Marie früher zu wecken oder den Mittagsschlaf entfallen zu lassen, fragt Herr Roth.

Wenn Eltern von den pädagogischen Fachkräften fordern, ihr Kind mittags nicht so lange schlafen zu lassen, damit es abends früher einschläft, treffen möglicherweise unterschiedliche Positionen aufeinander: Da Marie abends spät schlafen geht und früh wach ist, braucht sie wahrscheinlich wirklich einen ausgiebigen Mittagsschlaf. Aber müssen es tatsächlich 2,5 Stunden sein? Wie können Sie als pädagogische Fachkraft den Konflikt lösen? Zum einen ist Marie mittags sehr müde und braucht eine Pause. Zum anderen sind hier die Bedürfnisse der Eltern nach Ruhe und Entspannung ebenfalls verständlich. Hier ist Fingerspitzengefühl gefragt, um einen tragfähigen Kompromiss auszuhandeln.

Der Schlafzyklus gibt Hinweise für ein sanftes Wecken

Hilfreich ist es, wenn Maries Schlafbegleiter:in über schlafwissenschaftliche Kenntnisse verfügt und über Maries Ruhebedürfnis und ihre individuellen Schlafgewohnheiten in der Kita informiert ist.

Mit zunehmendem Alter regeln Kinder ihren Gesamtschlafbedarf, indem sie nachts eine lange Schlafphase und tagsüber eine kurze Schlafphase, beispielsweise einen Mittagsschlaf, haben. Während des Schlafens durchläuft ein Kind mehrere Schlafzyklen. Diese gliedern sich in unterschiedliche Schlafphasen: Halbschlaf, leichter Schlaf, Tiefschlaf, REM-Schlaf. „REM" steht für Rapid-Eye-Movement, benannt nach den raschen Augenbewegungen, die insbesondere während dieser Traumschlafphase – auch „aktive Schlafphase" genannt – stattfinden. In dieser Phase ist die Atmung etwas unruhiger und flacher, der Körpertonus in leichter Anspannung. Ein schlafendes Kind ist in der REM-Phase relativ leicht zu wecken. Phasen und Zyklen bilden zusammen die Schlafarchitektur. Der Schlafzyklus eines dreijährigen Kindes kann zwischen 70 bis 110 Minuten dauern.

Für die Gesamtschlafdauer eines Kindes ist also der ganze Tag relevant, nicht nur die Nacht. Im Fall von Familie Roth, die mit dem Weckwunsch an die Erzieherin herangetreten ist, macht es Sinn, Schlafprotokolle zu Hause und in der Kita zu führen. Ziel ist es, mehr über den 24-Stunden-Rhythmus von Marie zu erfahren. Zusätzlich hilft ein Protokoll zur Ermittlung eines günstigen Weckzeitpunkts. Nutzen Sie die REM-Phase, um Marie behutsam zu wecken, zum Beispiel durch eine veränderte Lichtsituation oder eine sich erhöhende Geräuschkulisse. Wenn Marie früher wach ist, hat sie am Nachmittag mehr Zeit zum Spielen und um sich „auszupowern" – und ist abends früher müde.

Flexibilisieren Sie Abläufe

Über die Gestaltung des Tagesablaufs können Sie in Ihrer Krippe und Kita viel dazu beitragen, das Konfliktpotenzial zwischen kindlichem Bedürfnis und Elternwünschen zu reduzieren. Ein vorgezogenes Mittagessen für die Kinder im Krippenalter und damit eine frühere Mittagsschlafzeit könnte eine Möglichkeit sein (siehe Kapitel 4). Auch für ältere Kinder kann ein frühes Mittagessen der stressfreie Übergang in eine Ruhephase sein. Grundsätzlich gilt, dass das Schlafbedürfnis des Kindes und nicht die Uhrzeit entscheidet (vgl. Maywald, 2018, S. 46–48). Pädagogische Fachkräfte müssen verantwortungsvoll mit dem Recht des Kindes auf Schlaf umgehen.

4 Einschlaftipps, mit denen Sie Eltern unterstützen können

1. **Rituale einführen:** Liebevolle Rituale helfen den Kindern, die Situation und den Ablauf des Zubettgehens zu erfassen und zu verstehen. Ein gleichbleibender Ablauf gibt Kindern Sicherheit und stimmt sie auf das Einschlafen ein.
2. **Geduldig sein:** Gehen Sie in Beziehung zu Ihrem Kind, geben Sie ihm uneingeschränkte Zuwendung. Konzentrieren Sie sich auf genau diese Situation. Das Kind spürt, wenn Sie auf dem Sprung sind oder gedanklich woanders. Es lohnt sich, hierfür täglich ungestörte Zeit einzuplanen.
3. **Klarheit vermitteln:** Zeigen Sie Ihrem Kind deutlich, was Sie von ihm erwarten, liebevoll, aber in der Sache konsequent.
4. **Ruhige Atmosphäre schaffen:** Vermeiden Sie vor dem Zubettgehen aufputschende Spiele, wie Fangen, Verstecken oder Spaßkämpfchen. Ein Fernseher im Kinderzimmer sollte genau wie Tablet oder Smartphone beim Ins-Bett-Bringen keine Rolle spielen. Medien dienen der Unterhaltung und dem Spannungsaufbau. Beim Vorlesen schaffen Sie Nähe und Entspannung, vorausgesetzt die Leseauswahl passt zur Situation.

Der Umgang mit Elternwünschen in der Konzeption

Bei aller Kompromissbereitschaft, wie im Falle von Familie Roth, ist es wichtig für Teams, sich eine prinzipielle Haltung zu Elternwünschen zu erarbeiten und in der Konzeption zu verankern. Wie so etwas aussehen kann, zeigt das folgende Beispiel.

Ein Auszug aus der Konzeption

Kinder wecken? Wie wichtig ist der ungestörte Schlaf?
In unserem Betreuungskonzept ist verankert, dass alle Kinder den Schlaf, den sie im Laufe des Tages in unserer Einrichtung brauchen, erhalten. Hierzu gehört es, dass wir die Kinder nicht wecken, sondern dass sie von allein wach werden können.

Warum dies so wichtig ist?
Die Beachtung des kindlichen Rhythmus betrifft viele Bereiche der alltäglichen Versorgung: Das Kind bekommt in unserer Einrichtung so sein Mittagessen, dass es beim Essen nicht bereits zu müde ist. Dann ist auch ein früher, ungestörter Mittagsschlaf (von mindestens 1 bis 1 1/2 Stunden) möglich, der weder wegen der Abholzeit noch der eventuellen elterlichen Sorge, das Kind abends nicht ins Bett bringen zu können, durch Wecken begrenzt werden muss.

Umgang mit Elternwünschen in Bezug auf das Thema Schlafen
Uns ist es sehr wichtig, die Wünsche und Themen der Eltern zu besprechen und zu thematisieren. Wir ermutigen Eltern in Elterngesprächen, aber auch bei Übergaben wichtige Themen anzusprechen. Wenn es dann einen Austausch im ruhigeren Rahmen braucht, vereinbaren wir einen gemeinsamen Termin. Je nach Thema und Wunsch der Eltern hören wir uns dies erst einmal an, versuchen nachzufragen und zu verstehen. Bei älteren Kindern kommt vor allem das Thema „Wecken" auf. Hierbei haben wir unsere klare Haltung, wollen aber zeitgleich die Sorgen und oft auch Nöte der Eltern wahrnehmen. Wir versuchen dann gemeinsame Wege und Möglichkeiten zu finden und Absprachen zu treffen.

Stressthema Schlaf in der Familie

Wenn Eltern Ihnen im Aufnahmegespräch gegenübersitzen, haben sie bereits eine individuelle „Schlafgeschichte" gemeinsam mit ihrem Kind. Nicht immer gelingt es unkompliziert und einfach, kleine Kinder in den Schlaf zu bringen. Familien erleben hier häufig gleich zu Beginn ihrer Elternschaft Druck. Die Frage „Schläft es denn schon durch?" stellen Außenstehende recht schnell nach „Wie heißt das Baby denn" oder „Stillst du? Und, wird es satt?". Junge Eltern gewinnen oft den Eindruck, bei allen anderen Eltern aus Geburtsvorbereitung, Babyturnen oder Krabbelgruppe läuft das glatt, nur bei ihnen nicht.

Verunsicherten Eltern fällt es schwerer, dem Baby gegenüber Sicherheit auszustrahlen, die das Baby aber dringend braucht, um in den Schlaf zu finden. Eine Negativspirale setzt ein. Eltern probieren alles Denkbare aus: lange Autofahrten, Spieluhr, Schaukel, Wiege, Staubsaugergeräusche, Babykorb auf der Waschmaschine beim Schleudergang, Kinderwagenfahrten, Tragen am Körper, Tragen im Tragetuch … Am Ende ist das Baby wach und die Erschöpfung wächst. Bei den Eltern stellt sich dann häufig Resignation und Verzweiflung ein, der Druck und die Ängste wachsen: Stimmt etwas mit unserem Kind nicht?

Ein Weg aus der Stress-Spirale: Schlafberatung

Je angespannter die Eltern sind, desto weniger schläft das Kind. Diese simple Feststellung hilft am Abend aber auch nicht weiter. Gerade in Zeiten des schnellen Zugriffs auf Informationen per Internet sind insbesondere junge Eltern überfordert. Oftmals gegensätzliche Statements und ultimative Tipps machen in Elternforen die Runde. Stimmen wie „Lass dein Kind halt mal eine Nacht schreien, dann wird es schon Ruhe geben" oder „Wenn du dein Kind jetzt schon als Baby so verwöhnst, hast du für immer verloren" sind laut und übertönen oftmals das eigene Gefühl und die innere Überzeugung.

Empfehlen Sie verzweifelten Eltern in der Schlaf-Stress-Spirale eine Schlafberatung. Ist der erste Schritt getan, braucht es meist nur wenige Termine, um die Eltern gut darin zu unterstützen, die Situation bedürfnisorientiert und angemessen zu regulieren.

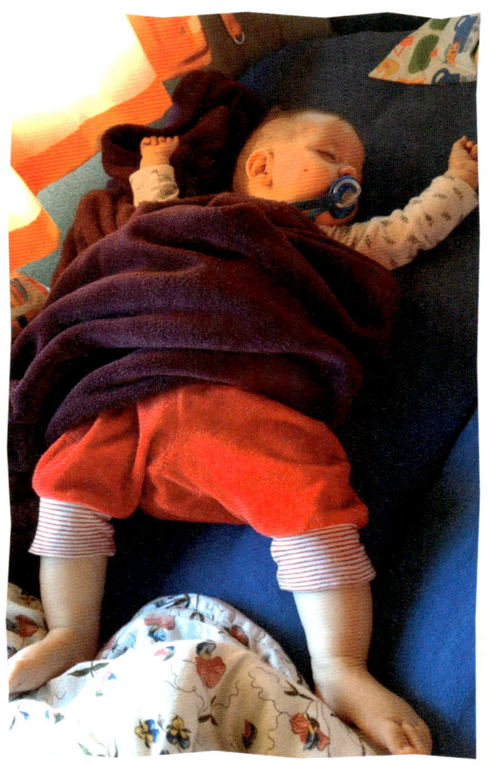

Der Schlafraum als Bildungsraum

Der Schlafraum als Bildungsraum

„Die Aufgabe der Umgebung ist es nicht, das Kind zu formen, sondern ihm zu erlauben, sich zu offenbaren." (Maria Montessori)

Das Wohlbefinden von Kindern hängt sehr stark von der Gestaltung von Räumen ab. Räume erfahren wir über unseren Körper. Diese Art der Körpererfahrungen beginnt bereits vor der Geburt und setzt sich immer weiter fort. Mit allen Sinnen erfasst ein Kind seine Umgebung und speichert diese mit zunehmender Wiederholung als Erfahrung ab. Es macht sich ein inneres Bild von der äußeren Welt, die es vorfindet. Ausgangspunkt ist immer der eigene Körper. Wir Erwachsene empfinden den Schlafraum in unserer Kita vielleicht als klein, überschaubar und kuschelig. Für die zweijährige Marie ist es aber möglicherweise ein riesiger Saal. Dank eines Schlafkorbs und einer Kissenschlange rundherum kann auch sie den Schlafraum als gemütlich und kuschelig erleben.

Ändern Sie die Perspektive

Betreten wir als Erwachsene einen Raum, verschaffen wir uns aufgrund unserer Körpergröße schnell einen Überblick. Kinder nehmen den Raum aus einer anderen Perspektive wahr. Sie haben stärker Details im Blick. Wie wir einen Raum wahrnehmen, hat also viel mit der Perspektive zu tun. Sie beeinflusst unsere Körper- und Sinneswahrnehmungen.

Das ist gut zu wissen. So erkunden wir als pädagogische Fachkräfte einen Raum, den wir auf seinen Wohlfühlcharakter für Kinder überprüfen wollen, am besten per Rollbrett oder auf dem Bobbycar. Auf diese Art und Weise begeben wir uns auf die Wahrnehmungsebene der Kinder und machen möglicherweise neue Erfahrungen, zum Beispiel dass es auf unserer Höhe gar nichts Interessantes zu sehen gibt! Wir können das schöne Gemälde nicht anschauen, weil es zu hoch hängt. Wir können auch nicht an die Packung mit den Papiertaschentüchern gelangen und brauchen Hilfe, um uns ein Glas Wasser einzugießen. Es ist nicht schön, so abhängig zu sein, auch wenn man vielleicht erst zwei oder drei Jahre alt ist. Jeder Mensch strebt nach Autonomie und Selbstbestimmung

Forscherfragen, um dem Wesen des Schlafraums und der Ruheinseln auf den Grund zu gehen

- Erspüren Sie die Wirkung des Raums. Welche Gefühle löst er aus? Welche Bedeutung haben Räume für Sie?
- Welche Haltung und welches Bildungsverständnis spiegeln sich wider?
- Schauen Sie sich genau um und spüren Sie ungenutzte räumliche Ressourcen auf.
- Wurden der Schlafraum und die Ruheinseln hinsichtlich der Bedürfnisse der Kinder und gemeinsam mit ihnen gestaltet?
- Weniger ist mehr! Gibt es eher wenige, gezielt eingesetzte Reize statt Reizüberflutung?

Blick in die Praxis

Sara Bohnes, Sozialpädagogin, langjährige Krippenleiterin und Schlafbegleiterin, berät pädagogische Fachkräfte zum Thema RaumBildung für den geborgenen Schlaf in der Krippe.

Jedes Einschlafen bedeutet Loslassen von der Sicherheit des Tages. Schlafen macht uns wehrlos und braucht einen geschützten Rahmen. Wir leben modern, aber unsere Babys sind „Steinzeitbabys". Sie brauchen evolutionsbedingt das Gefühl von größtmöglicher Sicherheit, da sie sich sonst verlassen und „gefährdet" vorkommen. Je kleiner oder unsicherer das Kind, umso höher das Bedürfnis nach Rückversicherung. Da wir in der Krippe nicht darauf ausgelegt sind, eine Eins-zu-eins-Betreuung zu gewährleisten, geht es darum, anderweitig für Sicherheit und Geborgenheit zu sorgen. Hier können wir mit Raumgestaltung viel erreichen und bewirken.

Eine Atmosphäre, die Geborgenheit vermittelt, und eine Raumgestaltung, die die Sinne berührt, sind für mich wichtig. Atmosphäre steht für eine wahrnehmbare Stimmung. Wahrnehmbar bedeutet: den Sinnen zugänglich. Werden unsere Sinne – Sehen, Hören, Tasten, Riechen, Schmecken – auf positive und wertschätzende Weise angesprochen, wirkt sich dies wesentlich auf unser Wohlgefühl aus, bei kleinen wie bei großen Menschen. Für eine positive Raumgestaltung sind nicht die Anzahl und die Größe der Räume ausschlaggebend. Vielmehr geht es darum, die Schlafumgebung für die kleinen Kinder so zu gestalten, dass eine Kultur der Wertschätzung sie umhüllt und beruhigend auf sie wirkt.

Eine wertschätzende Kultur ist erreicht, wenn Räume Ästhetik und Wertigkeit ausstrahlen, idealerweise durch natürliche Materialien. Zum Beispiel Holz in Form von Podesten oder Fußboden, Felle als weiche Unterlage in Rückzugsorten, nicht jedoch als direkte Schlafunterlage. Weiche Kissen und Decken aus Baumwolle, Vorhänge aus dichtem Filz, die die Raumakustik und das Raumklima verbessern, sanft abgestimmte Farben an Wänden und Boden sowie warmes zartes Licht aus indirekten Quellen tragen zu einer Wohlfühlatmosphäre bei.

Es lohnt sich zu beobachten, welche Rückzugsorte sich die Kinder suchen. Hier muss ich an Paul, zwei Jahre alt, denken. Er liebte einen großen Pappkarton. Er war zum Spielen gestaltet, mit Fenstern und einer großen Öffnung als Tür, die sich mit Stoff zuziehen ließ. Er spielte gerne in dem Häuschen und schlief eines Tages darin ein. Die Pädagog:innen reagierten darauf. Sie gaben Paul eine Unterlage und seine Kuscheldecke in das Häuschen. Seit diesem Tag machte er täglich seinen Mittagsschlaf im Karton.

Die Bedürfnisse der Kinder als Basis der Raumgestaltung

Praxisbeispiel

Anna kennt sich aus

Anna, 3,5 Jahre, betritt den Schlafraum ihrer Kita. Sie weiß, wo ihr Schlafplatz ist. Über ihrem Bett, das sie sich selbst ausgesucht hat, hängt ein Plakat. Darauf ist Anna mit ihrem Teddy zu sehen. Ihre Erzieherin Elisabeth hat dazugeschrieben, was Anna alles braucht, um sich im Schlafraum wohlzufühlen und gut zu schlafen. Dann wissen auch Miriam oder Murad Bescheid, wenn Elisabeth mal nicht da ist. Annas Bettdecke ist schon aufgeschlagen, ihr Teddy liegt auf dem Kopfkissen und vor ihrem Bett steht eine kleine Kiste. Dort hinein stellt Anna ihre Hausschuhe. Sie entscheidet sich, ihre Jeans und den warmen Pullover auszuziehen. Sorgfältig faltet sie ihre Kleidung und packt sie ebenfalls in die Kiste. Dann kuschelt sie sich in ihr Bett. Es ist frisch bezogen mit der Marienkäfer-Bettwäsche, die sie sich heute Morgen zu Hause ausgesucht und mitgebracht hat. Das Beziehen hat sie gemeinsam mit Elisabeth gut geschafft. Anna weiß, wer neben ihr schläft. Auf der einen Seite schläft Paul, der vor dem Einschlafen immer seinen Elefanten in die Luft wirft und im Bett Turnübungen macht. Das findet Anna lustig. Sie weiß, dass Paul nicht einschlafen kann, wenn er ganz ruhig liegen muss, das macht ihn verrückt. Deshalb ist es gut, dass er kein Bett, sondern eine größere Matratze hat, ein Stück weg an der Wand in einer Nische. Auf der anderen Seite schläft Lina. Ihr Korb steht dicht neben Annas Bett. Lina und Anna halten sich immer noch ein bisschen an den Händen. Dann rollt sich Lina eng zusammen und schnuffelt am Ohr ihres Esels.

Anna mag die goldene Kugellampe und das sanfte Licht. In der Mitte der gegenüberliegenden Wand verläuft eine goldene Linie. Sie ist ein klein wenig hubbelig, auf sie schaut Anna immer und denkt sich aus, dass sie eine Prinzessin ist und auf diesem goldenen Weg zu ihrem Schloss läuft. In einem Himmelbett schläft sie ja schon. Auf dem Nachttischchen liegt ein Papiertaschentuch und es steht ein Wasserglas bereit. Anna nimmt noch einen Schluck und schaut sich das Foto von ihrer Familie an, das auch dort steht. Nach dem Mittagsschlaf kommt Papa mit dem kleinen Bruder zum Abholen. Anna freut sich und schläft zufrieden ein.

In ihrem Schlafraum erlebt und erfährt Anna Selbstwirksamkeit und Wertschätzung ihrer individuellen Persönlichkeit und Bedürfnisse. Das macht sie stark, die Herausforderungen ihres Alltags gut zu meistern. Sie ist für ihr Alter sehr selbstständig, weil die Erzieherin ihr viel zutraut und ihr eine vorbereitete Umgebung bietet.

Die geschickte Anordnung von Pauls Schlafplatz spricht für eine hohe responsive Fähigkeit der Erzieherin. Paul könnte leicht den Titel „Störenfried“ tragen. Elisabeth jedoch weiß, dass es Menschen gibt, die eher über Bewegung zur Ruhe kommen, und ermöglicht dies. Gleichzeitig beeinflusst sie damit die Beziehung zwischen Paul und Anna. Würde Paul unmittelbar neben Anna liegen müssen und ständige Reglementierungen erfahren, würde sich Anna durch Paul gestört fühlen und möglicherweise denken „Blöder Paul!“. Dies wäre eine vertane Chance, einen neuen interessanten Spielpartner unvoreingenommen kennenzulernen.

Kinder brauchen Privatsphäre

Die Bedürfnisse der Kinder sind die Basis für die Gestaltung der Kita als Lern- und Bildungslandschaft. Wenn Kinder ganztags in der Kita sind, verbringen sie entsprechend wenig Zeit in ihrem Zuhause. Somit haben Kinder wenig Privatsphäre, sie halten sich vorwiegend im öffentlichen Raum auf. Schlaf- und Ruheräume sind eindeutig Lern- und Bildungsräume und sollten unbedingt Privatsphäre ermöglichen.

Häufig haben Räume Mehrfachfunktionen, geschuldet den oft beengten Verhältnissen in Kindergärten aus den früheren Jahrzehnten, die nun als Ganztageseinrichtungen funktionieren müssen. In diesen Räumen müssen die Bedürfnisse der Kinder besonders sorgsam koordiniert werden.

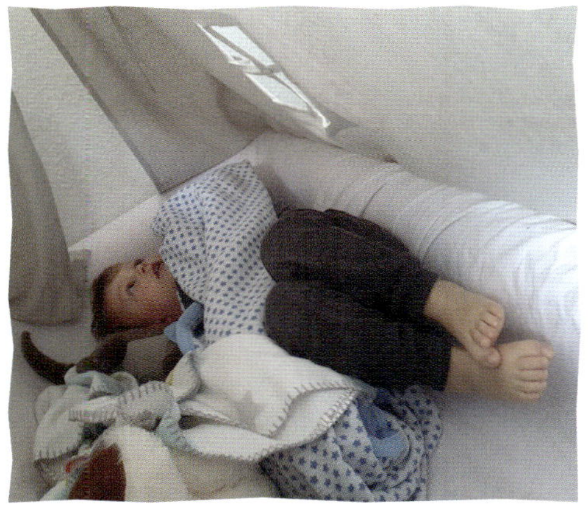

Blick in die Praxis

Auf einen speziellen Schlafraum zu verzichten, kann aber auch eine wohlüberlegte pädagogische Entscheidung sein, wie Barbara Strauß, die Leiterin der Kita Zauberwald, berichtet:

Wir haben uns bewusst dafür entschieden, einen multifunktionalen Raum einzurichten. Die Kinder erleben den Raum im Spiel als ihren Raum und fühlen sich geborgen. Das erleichtert ihnen das Einschlafen. Die Kinder wissen, wann die Spielzeit zu Ende ist und die Schlafenszeit beginnt, indem sie mithelfen, die Bettchen herzurichten. Diesen Übergang vom Spielen zum Schlafen gestalten wir sehr bewusst.

„Kollege Raum“ leistet wichtige pädagogische Arbeit

Ob der Raum nun als erster (Angelika van der Beek) oder dritter Erzieher (Loris Malaguzzi) betrachtet wird, eins ist wichtig: Wenn Kinder immer mehr Zeit in Kita-Räumen verbringen, müssen wir die vorhandenen Raumkonzepte überprüfen, denn Räume beeinflussen die Lebensweise, die Entwicklung und das Lebensgefühl von Kindern immens. In der Arbeit mit geöffneten Strukturen werden Räume häufig als Funktionsräume bezeichnet. Ich bevorzuge den Begriff „Lern- und Bildungsräume“. Bei „Funktionsraum“ drängt sich die Vorstellung auf, das Kind solle dem

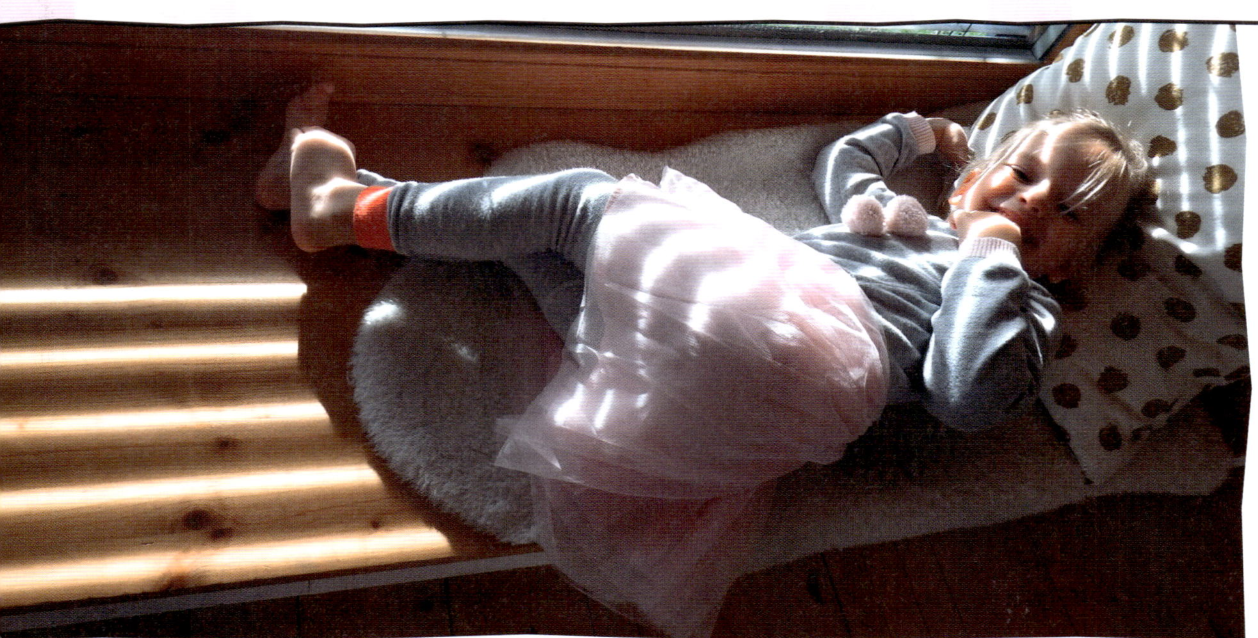

Schlaf- und Ruheräume oder Ruheinseln, verteilt über die komplette, Kita aktivieren die Selbstbildungskräfte der Kinder wenn …

- sie der Individualität jedes Kindes Rechnung tragen und Kinder Wahlmöglichkeiten haben.
- pädagogische Fachkräfte Lernprozesse nicht ständig durch instruierende Maßnahmen steuern müssen, sondern auf natürliche Weise begleiten können, weil der Raum die Kinder einlädt, eigenaktiv zu sein.
- die Raumgestaltung es Kindern ermöglicht, sich zu orientieren, ohne stets auf Erwachsene angewiesen zu sein.
- wenn Kinder die Chance haben, sich auch über Bewegung, zum Beispiel in einem naturnah gestalteten Außengelände, zu entspannen und auszuruhen.
- Kinder leichten Zugang zu Schlaf- und Ausruhplätzen haben, damit sie sich selbsttätig, also zu dem Zeitpunkt und in der Weise, die zu ihnen passt, erholen können. Das stärkt ihre Fähigkeit der Selbstregulation.
- Mikrotransitionen im Alltag so gestaltet sind, dass Kinder in einer Situation emotionaler Verunsicherung eine sichere Basis finden, auf der sich stabile Beziehungen zu den pädagogischen Fachkräften und anderen Kindern entwickeln können.

Raum entsprechend funktionieren, das heißt seine Spielideen dem Umfeld anpassen. Lernen und bilden ist viel offener und geht in einer vorbereiteten Umgebung vom Kind aus.

Räume aktivieren die Selbstbildungskräfte der Kinder

Räume haben eine besondere Wirkung auf Menschen, beeinflussen ihr Verhalten und wirken sich auf Beziehungen aus. Anna aus dem vorausgegangenen Beispiel fühlt sich in ihrem Schlafraum wohl, sicher und geborgen. Der Schlafraum kann sein aktiv-entdeckendes Lernpotenzial entfalten. Es kommt hier auf die pädagogische Haltung an. Die Fachkraft muss die Selbstbildungsprozesse von Anna und den anderen Kindern wollen, unterstützen und zulassen. Räume sind immer da, auch wenn pädagogische Fachkräfte wegen vielfältiger Anforderungen mal keine Zeit haben. Es lohnt sich also, den „Kollegen Raum“ sorgfältig zu gestalten, dann leistet er eine hervorragende pädagogische Arbeit, die Kinder in ihrer Wahrnehmung und ihrem Lerneifer zu unterstützen.

Impulse zur Raumgestaltung

Leider kommt es in der pädagogischen Praxis häufig vor, dass die Kita-Räume nicht zu den Bedürfnissen der Kinder und dem Konzept der Einrichtung passen: Die Räume sind quadratisch, praktisch, hell. Eine Pauschalbeleuchtung leuchtet bis in die letzte Ecke des Raumes oder die Einrichtung besteht aus Katalogmöbeln, die nicht optimal zum Raum passen … Das alles führt dazu, dass Räume steril, fantasielos und austauschbar wirken. Normierte Gruppenräume der großen Kindergartenausstatter erfüllen kaum die Bedürfnisse nach „echtem Leben". Doch wie entwickelt man ein gutes und individuelles Raumkonzept, angepasst an die Bedürfnisse der Kinder?

Blick in die Praxis

Bernd Schulmeyer, Sozialarbeiter für kulturelle Bildung und bildender Künstler für Malerei und plastische Gestaltung, ist spezialisiert auf die individuelle Gestaltung von Privatwohnungen, Geschäftsräumen, Kliniken, Museen und Kitas. Er berichtet von seiner Erfahrung in der Entwicklung und Umsetzung von Farb- und Raumkonzepten in Kitas und Krippen.

Raumwirkung ist die Symbiose von Fläche und Raum, von Farbe und Licht, von Stille und Bewegung, von Form und Nutzen, von Angebot und Aneignung, von Orientierung und Gestaltung und damit der Lust, sich einzubringen, um diese Räume zu bespielen und zu beleben. Eine praxis- und nutzungsbezogene Wandgestaltung bietet die Möglichkeit, die gewünschte Übersicht zu erzeugen. Sie kann Räume öffnen oder eingrenzen und hat damit eine strukturierende Funktion. Dazu können, je nach der Architektur eines Raumes, symmetrische und asymmetrische Lösungen, die Wirkung von hellen und dunklen Flächen, Rahmen und Objektträger oder Wandregale eine Rolle spielen und eingebunden werden. Die Beleuchtung sollte ebenfalls gliedern, rahmen, Akzente setzen und betonen. Um eine an der Raumnutzung orientierte, dekorative Lichtsetzung zu erreichen, können Trägersysteme für Spots und Strahler, Steh- und Hängelampen, Lichtleisten, Lichtbänder, Bilderlampen und indirekte Beleuchtungssysteme Einsatz finden. Im Regelfall sollten Kita–Räume, ob sie nun Ton in Ton oder in einem kontrastreicheren Farbenspiel entwickelt werden, in einer warmen Farbgebung gestaltet sein.

Tipps zur Gestaltung von Schlaf- und Rückzugsplätzen

Ebenerdige Matratzen, erhöhte Schlafpositionen, gemütliche Körbchen oder versteckt in der Höhle – in diesem Schlafraum kann auf verschiedene Bedürfnisse eingegangen werden.

Individuelle Schlafbegleiter, der eigene Schlafsack, kuscheliges Bettzeug, gemütlich hergerichtet, unterstützen Kinder am Schlafplatz, zur Ruhe zu finden. Stillkissen sorgen durch die räumliche Begrenzung für Geborgenheit und Rückzug.

Die Qualität des selbstbestimmten Schlafens steigern Sie durch ebenerdige Matten. Hier können sich Kinder selbstständig hinlegen und aufstehen. Geflochtene Körbe mit Bodenpolster schaffen durch ihre Begrenzung Sicherheit.

Ein Himmel über dem Bett als Sichtschutz vermittelt Geborgenheit.

Eine individuell gestaltete und an den Raum angepasste Schlaflandschaft mit verschiedenen Ebenen und Verstecken.

Ruheinseln ermöglichen es den Kindern, selbstbestimmt auszuruhen und doch ganz nah am Geschehen zu sein.

Für Krippenkinder, die gerne mit sanften Bewegungen einschlafen, eignen sich Hängematten oder Federwiegen.

Eine Schlaf- und Rückzugshöhle kann auch in den Gruppenraum integriert werden.

Rückzugsorte und Ausruhplätze für Kinder

Rückzug ist ein wesentliches Bedürfnis von Kindern im Kita-Alltag. Nur wer sich zurückziehen kann, um Erlebtes zu verarbeiten und sich zu entspannen, kann neue Energie tanken. Während jüngere Kinder in Krippen und Kitas auf ihre Bezugsperson im direkten Umfeld angewiesen sind, um sich sicher zu fühlen, streben ältere Kinder nach Freiraum. Sie kennen sich aus, pflegen ihre Beziehungen und Freundschaften und wissen, wo sie Unterstützung finden. Auf der Basis dieses Sicherheitsgefühls erweitern sie ihren Radius und gehen ihrem Spiel- und Rückzugsbedürfnis nach.

Ruheinseln als Rückzugsorte

„Es reicht nicht, den Kindern in schön gestalteten Räumen Kinder-Yoga und Fantasiereisen anzubieten, sprich, ihre Entspannungsphasen auszulagern und ansonsten die Stressorganisation ihrer Lebenswelt weiter zu bedienen. Im ganzheitlichen Sinne geht es heute und zukünftig darum, die Kita zur Ruhe-Insel im turbulenten Strom des Alltags werden zu lassen, sie mit Bedacht, Muße und Schönheitssinn so einzurichten, dass sich darin Vielfalt auf entspannte Weise ereignen kann.“ (Hollmann, 2013, S. 26 f.). Kinder mögen

Blick in die Praxis

Das Team der ökumenischen Frankfurter Kita Kaleidoskop verschriftlicht einen Konzeptionsbaustein zum Thema „Schlafen, Entspannen, Ausruhen“. Die Leiterin Birte Hansen berichtet, warum sie auch ohne spezielle Schlafräume dem Bedürfnis nach Ruhe und Entspannung Raum geben.

Wir haben keinen ausschließlich für das Schlafen eingerichteten Raum. Trotzdem gelingt es uns, den Kindern vielfältige Rückzugsmöglichkeiten im Alltag zu bieten. In jedem unserer Räume befindet sich mindestens ein Platz, wo Kinder sich ausruhen bzw. schlafen können. Zum Beispiel: Sofa, Sessel, Hochebene, verschiedene Nischen, Teppiche, kleine Matratzen, Decken, Kissen und verschiedene Kuscheltiere. Durch die gezielte Raumgestaltung bieten wir den Kindern je nach Bedürfnis verschiedene Möglichkeiten und Formen zum Ausruhen. Die Ruheangebote gelten für alle Kinder, unabhängig vom Alter. Jedes Kind hat das Recht, sein Ruhe- und Schlafbedürfnis selbst zu regulieren, sich dann auszuruhen, wenn es das braucht.

Die Kinder äußern unterschiedliche Bedürfnisse. Sie möchten den Raum abdunkeln oder hell lassen, verschiedene kleine Lichtquellen nutzen, eine CD mit Entspannungsmusik oder Geschichten hören, Bücher vorgelesen und Geschichten erzählt bekommen. Sie wünschen sich körperliche Nähe durch den Erwachsenen. Schmusetücher, Kuscheltiere, Schnuller, Decken und Kissen spielen zudem eine Rolle. Die Ausruh- und Schlafsituation gestalten wir aufgrund von Beobachtungen und Rückmeldungen der Kinder.

es, das Gefühl von Rückzug zu haben und dennoch mitten im Geschehen zu sein. Dafür bieten sich Ruheinseln als Rückzugsorte im Raum an. Das können verschiedene Ebenen, Zelte, die unteren Etagen von Schränken und Regalen, mit einem Vorhang abgetrennte Nischen oder auch große Kartons sein. Mit Decken bauen Kinder aus Tischen gemütliche Höhlen. So können Kinder jederzeit das Geschehen beobachten und gleichzeitig das Gefühl erleben, abgeschieden und für sich zu sein. Die Enge einer Höhle macht für Kinder die Grenzen zwischen der Umgebung und dem eigenen Körper erlebbar und vermittelt ein Gefühl von Geborgenheit.

Elisabeth Hollmann empfiehlt für Krippen Ruheinseln im Basisraum, weil Kleinkinder mehrmals am Tag müde sind und kleine Tiefs zu überwinden haben: „Kleinkinder, die eine Krippe neu besuchen, sind oftmals in der Vormittags-Zeit müde, und nicht erst mittags. Das heißt, sie brauchen in ihrem Basisraum eine Ruhe-Insel, ein Körbchen oder (wenn sie erst ein paar Monate alt sind) einen Hängekorb in einer ruhigen Ecke des Raums. Sie sollten sehen und spüren: hier gibt es einen gemütlichen Platz, der zieht mich magisch an, wenn ich müde bin. Je besser sich dieser Affekt bei Kleinkindern als Resonanz auf eine einfühlsame RaumBildung einstellt und je klarer die tolerierenden Haltungen und Verhaltensweisen der Bezugspersonen sind, umso eher suchen die Kinder selbsttätig diesen Ruhe-Platz auf; sie legen sich hin und fallen entspannt ganz nah am Geschehen der anderen Kinder in den Schlaf. Möglich ist auch die Nutzung eines Krippen-Nebenraums als Ruhe-Insel, den Kinder selbsttätig zum Ausruhen während der Morgenzeit aufsuchen. Dorthin gehen in der Regel eher die Kinder, wenn diese bereits eingewöhnt sind und sie sich in der Krippe sicher fühlen. Wichtig ist dann, dass ein:e Erzieher:in immer mal schaut, wie und ob das Kind morgens in diesem Raum gefahrenfrei ruht oder schläft." (Hollmann, 2020).

Raumakustik

Wichtig für das Gefühl von Geborgenheit ist auch eine gute akustische Atmosphäre. Ist es in Räumen dauerhaft zu laut, hat das Auswirkungen auf das Verhalten der Kinder und Erwachsenen. Schnell entstehen Gefühle von Überforderung sowie aggressives und destruktives Verhalten. Oft fangen Kinder in ihrem Stress und ihrer Not an zu schreien oder zu weinen. Dies erhöht wiederum den Geräuschpegel. Bestehen stabile Beziehungen, gelingt es meist, die Kinder zu trösten und die Lage zu entspannen. Besser ist es, Vorkehrungen zu treffen, bevor es überhaupt so weit kommt. Vermeiden Sie in der Gestaltung der Räume große harte Oberflächen wie lackierte Schranktüren oder große Glaswände, die den Schall vervielfachen. Offenporige Gegenstände absorbieren den Schall. Das sind beispielsweise Möbel aus unlackiertem Holz, offene Regale, voluminöse Stoffe von dickerer Qualität, Gardinen, Decken, Kissen, Tücher, Teppiche, Felle.

Die Natur als ausgleichender Faktor

Ein wichtiges Prinzip der RaumBildung ist die Gleichwertigkeit von Innen- und Außenräumen. Im Gegensatz zum eher funktionalen klassischen Gerätespielplatz kann ein naturnahes Außengelände ein vollwertiger Lern- und Bildungsraum sein. Im besten Fall bietet das Außengelände alle Bildungsbereiche, die es auch im Haus gibt – und es kann noch viel mehr als Innenräume: Wenn die Lautstärke in Räumen manchmal unerträglich ist, geht es im Außengelände weitaus entspannter und ruhiger zu, denn Pflanzen schlucken Lärm und die Kinder verteilen sich auf einer größeren Fläche. Büsche bilden natürliche Rückzugsorte und ziehen ruhebedürftige Kinder magisch an. Im Außengelände können die Kinder sich selbst regulieren, statt von Erwachsenen reglementiert zu werden.

Natur: Streitschlichterin und Sinnesanregerin

Die Natur spricht die Sinne der Kinder an und sorgt für Beruhigung in eskalierenden Situationen. Statt über die Mittagszeit Gruppen in engen Räumen zusammenzulegen, ist das Außengelände fast immer die bessere Alternative. Platz und Ruhe schützt vor Überreizung und daraus entstehenden Konflikten. Kinder erleben Licht und Schatten, unterschiedliche Temperaturen, Sonne und Regen, Pflanzen, Tiere, Geräusche, Vogelgezwitscher, Düfte und Gerüche. Sie bewegen sich auf vielfältigen Untergründen und spüren Hitze, Kälte, Nässe in verschiedenen Abstufungen. Draußen ist es niemals eintönig, denn die Natur sorgt für Veränderungen, interessante Erlebnisse und Erfahrungen. Zu jeder Jahreszeit gibt es etwas Neues zu entdecken. Nach kurzer Zeit sind alle Kinder und Erwachsenen ausgeglichener. Aggressionen, Stress und Anspannung verringern sich – und das Immunsystem wird gestärkt.

Kinder erholen sich individuell – auch draußen

Nicht alle Kinder entspannen sich durch Hinlegen und Ausruhen. Sie brauchen es, nach zwanzig Minuten Stillsitzen im Morgenkreis oder beim Essen, Dampf abzulassen. Diese Kinder kommen über Bewegung innerlich wieder ins Gleichgewicht, bauen Stress ab und verarbeiten Erlebtes.

Manche Kinder brauchen für diesen Prozess eher das ruhige Spiel. Sie sitzen im Sand und lassen ihn durch die Finger rieseln. Sie rühren im Matsch, beobachten Insekten, schauen in die Wolken, sitzen im Geheimversteck, sammeln, was die Natur bietet, liegen auf der Wiese oder schaukeln in der Hängematte.

Ruheinseln im Außengelände

Seit ein paar Jahren sehe ich in Kitas immer häufiger Paletten-Sofas im Außengelände, manchmal kombiniert mit einem Paletten-Hochbeet, dessen Bepflanzung viele Schmetterlinge anlockt. Diese unkomplizierte Lösung ist mit etwas handwerklichem Geschick und Unterstützung der Elternschaft schnell umzusetzen.

Auch ein Wassergarten in Kübeln in der Nähe eines Ruheplatzes lädt dazu ein, Libellen und trinkende Insekten zu beobachten. So kommen Kinder zur Ruhe. Wenn Sie auf der Wiese ein paar Decken ausbreiten und Bilderbücher dazulegen, fühlen sich Kinder angesprochen und eingeladen. Das sind Möglichkeiten, die

Tipps für die Gestaltung des Außengeländes

- Begeben Sie sich auf Entdeckungstour ins Außengelände: Können Sie das Gelände in ruhige und lebhafte Zonen einteilen?
- Stellen Sie gemeinsam Überlegungen an, mit welchen Mitteln Sie mehr Klarheit schaffen. Bepflanzungen helfen, Bereiche zu trennen.
- Wenn Decken zum Ausruhen mitten in Laufwegen oder Rennstrecken liegen, verfehlen sie ihren Sinn.
- Unterstützen Sie die Höhlenbildung durch Tücher und Decken.
- Entwickeln Sie gemütliche Plätze, wo sie mit Kindern gemeinsam ausruhen können.
- Gibt es Plätze, an denen Kinder den Mittagsschlaf draußen machen können, zum Beispiel im Wagen oder auf Feldbetten?

sich auch mit geringem Budget umsetzen lassen und unkompliziert zu einer entspannten Atmosphäre beitragen.

Der wichtigste Rückzugsort? Das ist einfach beantwortet: „Diesen Ort kennen Sie und haben ihn stets dabei. Es ist ihr eigener Schoß, der bei vielen Kindern der Kuschelort der ersten Wahl ist. […] Mit beruhigenden Worten und zarten Streicheleinheiten gelingt es auch unruhigen Kindern, abzuschalten und sich zu entspannen." (Franz, 2020, S. 21).

Draußen schlafen ist gesund

Die skandinavische Tradition geht zurück auf den finnischen Kinderarzt Arvo Ylppö, mit der Methode des Schlafens an der frischen Luft wollte er der hohen Kindersterblichkeit entgegenwirken. Die Maßnahme war äußerst erfolgreich und entwickelte sich sowohl im Privaten als auch in Institutionen zur gesellschaftlich gängigen Praxis.

Ab nach draußen, Schlafenszeit!

Bei uns beinahe undenkbar, in skandinavischen Ländern aber völlig normal: Mittagsschläfchen an der frischen Luft! In nordischen Ländern gibt es keine Schlafräume, dafür jedoch große Terrassen mit Betten. Über Mittag wird das Bettzeug nach draußen geschleppt, die Kinderwägen werden geparkt und schon ist alles vorbereitet. Passend zur Jahreszeit gekleidet, schlummern Kinder auch im Winter an der frischen Luft, vorausgesetzt es ist nicht kälter als zehn Grad minus. Wenn die Kinder wenige Wochen alt sind, beginnen Eltern damit, ihre Kinder draußen schlafen zu lassen (vgl. Dürmüller-Frei, 2020, S. 20 f.).

Dieses Konzept des Draußen-Schlafens wurde auch von der ungarischen Kinderärztin Emmi Pikler in ihrem Säuglingsheim Lóczy praktiziert, das sie 1946 gründete und bis 1979 leitete. Auch in Deutschland gibt es Kinderkrippen, die angelehnt an das Pikler-Konzept pädagogisch arbeiten und Kindern ein Schlafen an der frischen Luft ermöglichen.

Eine sichere und angemessene Schlafumgebung

Damit Kinder in Krippen und Kitas sicher und gefahrlos schlummern, ist es sinnvoll, die Schlafumgebung nach Sicherheitsaspekten zu überprüfen. Die Unfallkassen der jeweiligen Bundesländer stehen zur individuellen Beratung bereit. Zudem gibt es Angebote für empfehlenswerte Fortbildungen sowie Broschüren zu fast allen Themen rund um die Sicherheit der Kinder.

Gitterbetten

Für Säuglinge sind Gitterbetten angemessen, da sie sich durch die räumliche Begrenzung sicher fühlen und zudem nicht herausfallen können. Die Öffnungsweite der Gitterstäbe muss nach DIN EN 716-1 zwischen 4,5 und 6,5 cm betragen, damit keine Fangstellen entstehen. Mit zunehmender Entwicklung der Kinder ist es notwendig, einzelne Stäbe aus den Gitterbetten zu entfernen, damit die Kleinkinder im Sinne der Selbstständigkeit und Selbstwirksamkeit unabhängig ihren Platz aufsuchen und verlassen können. Mit dieser Maßnahme werden auch unnötige Hebevorgänge des Personals vermieden.

Die Benutzung doppelstöckiger Gitterbetten ist für Kleinkinder abzulehnen: Aufgrund der Absturzgefahr ist die Herausnahme von Stäben aus der oberen Etage nicht möglich. Die Kinder werden in ihren Rechten beschnitten, den Schlafplatz eigenständig und selbstbestimmt zu verlassen. Die unnötigen Hebevorgänge führen zur Rückenbelastung der Beschäftigten.

Folgende Hauptgefahren müssen ausgeschlossen sein:

- Stürze aus Kinderbettchen, von zweiten Ebenen und Treppen.
- Quetschen und Einklemmen (Türen, Schranktüren, Schubladen).
- Überhitzung durch eine zu hohe Raumtemperatur und Schlafen auf Schaffellen. Heizkissen gehören nicht in ein Kinderbett!
- Ersticken und Aspiration (Decken, Kissen, Baby-Nestchen, Spielzeuge, Plastiktüten).
- Strangulation (Schnüre, Bänder, Kabel).
- Stromschlag (ungesicherte Steckdosen, Stehleuchten, Musikgeräte).
- Verletzungen durch instabile Schlafplätze mit scharfen Ecken und Kanten.
- Direkte Sonneneinstrahlung oder Zugluft.

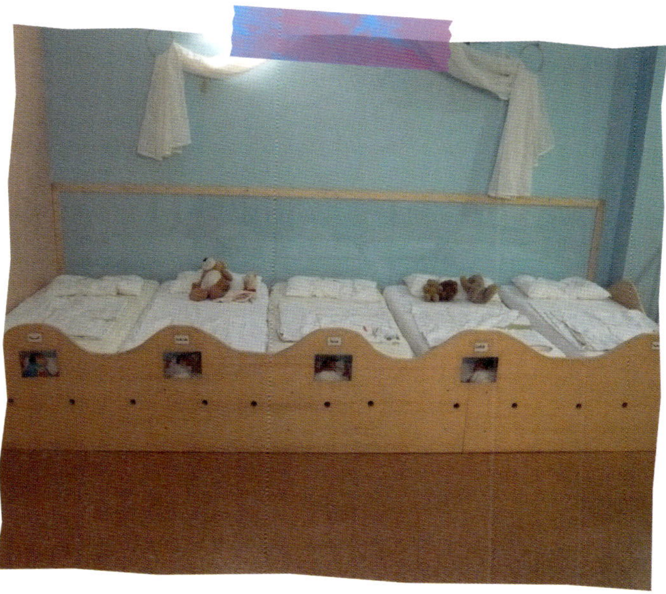

Schlaflandschaften

Schlaflandschaften bieten, je nach Mobilität und Alter der Kinder, verschiedene Schlaf- und Ruhemöglichkeiten und sind wie eine erhöhte Spielebene konzipiert. Das Angebot von Einzelschlafplätzen und gemeinsamen Schlafplätzen lässt Kinder nach Erfahrung, Stimmung und Neigung ihren Platz selbst wählen. Sie bieten eine gute Alternative zu Etagenbetten, die für Kleinkinder ungeeignet sind. Sie erlauben Kindern, ihre Umgebung aus unterschiedlichen Höhen und Perspektiven wahrzunehmen.

Zunehmend werden für Krippenkinder erhöhte Schlaflandschaften konzipiert. Diese erstrecken sich über einfache, niedrige Podeste bis hin zu fantasievoll gestalteten Ruhe- und Schlaflandschaften mit unterschiedlichen Höhenverläufen, in die beispielsweise haus- oder höhlenähnliche Aufenthaltsbereiche integriert werden.

Bei der Planung, Beschaffung und dem Aufbau von Schlaflandschaften handelt es sich meist um individuelle Maßanfertigungen, bei denen die örtlichen Gegebenheiten in die Planungen einfließen müssen. Ähnlich wie bei Spielplatzgeräten ist daher in besonderem Maße auf die Sicherheit für Kinder zu achten. Den Auftragnehmern muss hierbei schriftlich aufgegeben werden, die Bestimmungen der gesetzlichen Unfallversicherung und den Stand der Technik zu beachten und einzuhalten.

Beleuchtung und Verdunkelung

Schlafräume müssen mit einer Beleuchtung ausgestattet sein, die eine Nennbeleuchtungsstärke von 300 Lux garantiert. Wenn

die Kinder schlafen und der Raum verdunkelt ist, muss gewährleistet sein, dass das Personal ohne Schwierigkeiten eine Übersicht im Raum hat. Dazu reicht üblicherweise eine Beleuchtungsstärke von 5 bis 10 Lux. Ein Nachtlicht sollte möglichst nicht im Greifbereich der Kinder positioniert werden. Dimmbare Lampen sind in Schlafräumen grundsätzlich empfehlenswert.

Damit Kinder zur Ruhe kommen, muss ein Schlafraum grundsätzlich über Verdunkelungsmöglichkeiten wie Rollos, Vorhänge oder Jalousien verfügen. Das betrifft auch die Oberlichter in einem Raum. Große Fensterflächen sollten zusätzlich mit Außenjalousien gegen starke Hitzeeinwirkung ausgestattet sein.

Bettzeug

Um das Risiko des plötzlichen Kindstodes im ersten Lebensjahr zu vermindern, wird grundsätzlich die Rückenlage empfohlen. Auch auf die Seitenlage sollte verzichtet werden, weil sich der Säugling im Schlaf auf den Bauch drehen könnte. Das Bettzeug sollte spartanisch sein und es muss sichergestellt werden, dass der Kopf eines Kleinkindes nicht durch Bettzeug bedeckt wird. Das bedeutet:

- Ärmelfreie Schlafsäcke statt Bettdecken
- Keine Kopfkissen
- Keine weichen Matratzen
- Keine Bänder und Schnüre in Reichweite des Kindes

Falls keine Schlafsäcke verwendet werden, sollten Decken am Fußende des Bettes unter die Matratze eingeschlagen werden, sodass das Kleinkind bis zur Brust bedeckt ist.

Die Unfallkasse NRW rät dazu, Kleinkinder in Schlafsäcken schlafen zu lassen und nicht unter einer Zudecke. Fachkräfte raten davon ab, weil der Schlafsack die Bewegungsfreiheit der Kinder stark einschränkt. Zudem überhitzen Kinder im Schlafsack, da sie sich nicht freistrampeln können, wie sie dies bei einer Decke tun könnten. Somit können sie ihr Wärmebedürfnis nicht selbst regulieren.

Die Angaben zum sicheren Schlafraum in der Kita folgen DIN EN 1176-1, DIN EN 716-1, DGUV Vorschrift 82, DGUV Regel 102-602 und den Empfehlungen der UK NRW.

Wichtig bei der Anschaffung von Bettwäsche ist zu bedenken, dass ein Kopfkissenbezug, der von den Eltern zu Hause gewaschen wird, für das Kind heimelig und vertraut duftet. Wenn Kleinkinder den Duft von zu Hause wiedererkennen, beruhigt sie das. Vom Aspekt der Raumgestaltung aus betrachtet sieht es jedoch weitaus harmonischer aus, wenn es einheitliche Bettwäsche gibt, die auf das Farbkonzept des Schlafraums abgestimmt ist. Kinder, die an zwei Orten und manchmal sogar an drei Orten schlafen, beispielsweise bei den Großeltern, entwickeln unterschiedliche Schlafskripte. Nach wenigen Wochen haben Kinder, neben ihrem familiären Schlafskript, ein institutionelles Skript vom Schlafen in der Kita aufgebaut und kommen damit erstaunlich gut und souverän zurecht.

Temperatur und frische Luft

Der Ruhe- und Schlafraum sollte gut gelüftet sein. Die ideale Raumtemperatur zum Schlafen liegt bei 16 bis 18 Grad Celsius.

Lärm- und Schallschutz

Der Schlafraum sollte, was den Lärmschutz anbelangt, möglichst gut ausgestattet sein. Eine vollflächige Akustikdecke oder Akustikputze absorbieren Schall und sorgen für einen angenehmen Raumklang.

Rückzugsräume für das Team

Arbeitet ein Team an der Raumgestaltung in der Kita, geht es häufig nur um die Räume der Kinder, um deren Bedürfnisse und die Gestaltung einer angemessenen Lernumgebung. Genauso wichtig sind aber auch die Plätze für Erwachsene. Pausen sind wichtig, um zur Ruhe zu finden, zu entspannen und neue Kräfte zu sammeln. Gerade an einem trubeligen Kita-Tag. Vielen Einrichtungen fehlt es an einem Bewusstsein um die Bedeutung von angenehm gestalteten Pausen- und Personalräumen: In manchen Einrichtungen ist der Krankenstand so hoch, dass oft keine richtige Pause gemacht wird. Oder der Pausenraum ist so ungemütlich und überfrachtet, dass sich niemand wohlfühlt, oder es gibt ihn erst gar nicht, weil klassische Kindergärten im letzten Jahrtausend weniger Vollzeitpersonal Platz bieten mussten.

Es ist eine lohnende Aufgabe, Aufmerksamkeit, Energie, konzeptionelle Überlegungen, Zeit und Geld in Personalräume zu investieren. Gemeint ist nicht eine perfekte Möblierung durch einen Kita-Ausstatter. Vielmehr geht es darum, die Kultur eines Hauses sicht- und erlebbar werden zu lassen. Nicht nur für die Kinder gilt es, Lern- und Lebensfreude über ein Wahrnehmen mit allen Sinnen zu gestalten, um persönliche Weiterentwicklung zu ermöglichen. Entspannte, offene und selbstbewusste Mitarbeiter:innen, denen es gelingt, im Dialog zu bleiben, sich als

Teil einer Teamgemeinschaft zu erleben, sich selbst zu organisieren und gut für sich selbst zu sorgen, sind ein Ziel der Raumgestaltung.

Welche Funktionen muss ein Personalzimmer erfüllen?

Pausenraum, Esszimmer, Besprechungszimmer für Teamsitzungen, Arbeitszimmer in der Verfügungszeit, Fachbibliothek, Infobörse, Ausweichraum für Kleingruppenarbeit mit Kindern, Elternsprechzimmer, Krankenstation, Aufenthaltsort für Eltern in der Eingewöhnungsphase, im Alltag sind Personalzimmer häufig auch noch Abstellräume, Personalgarderoben und kleinere Mülldeponien. Doch wie bekommen Sie alle diese Anforderungen unter einen Hut?

10 Tipps für den Personalraum!

- Evaluieren Sie den Bedarf: Eine Kollegin macht gerne einen Powernap, ein Kollege liest in der neusten Ausgabe einer Fachzeitschrift, die dritte Kollegin telefoniert in der Pause kurz mit zu Hause – vielleicht lassen sich Pausenzeiten dementsprechend planen.
- Erstellen Sie eine individuelle Prioriätenliste für den Personalraum und finden Sie Ausweichorte für andere Aktivitäten. Sollte der Pausenraum mangels Alternativen für Elterngespräche genutzt werden, legen Sie die Gespräche nicht in Pausenzeiten. Können Arbeitsplätze vielleicht außerhalb eingerichtet werden?
- Eine nicht einsehbare Nische hinter dem Haus? Mit einer gemütlichen Bank ein perfekter Personalraum im Grünen!
- Richten Sie eine separate Personalgarderobe ein, zum Beispiel in einem Schrank. Wenn nicht überall Jacken rumliegen, ist es gleich ordentlicher.
- Weniger ist mehr: Befreien Sie das Personalzimmer von einem großen Tisch und vielen Stühlen und schaffen Sie Platz für gemütliche Sitzecken.
- Weichen Sie für Teambesprechungen vielleicht in den Gruppen- oder Bewegungsraum aus. Das hält das Team auch mental flexibel, wenn man von seiner angestammten Position abrücken muss!
- Leichte, stapelbare Stühle in einem Stuhllager machen Umbauten leichter.
- Statt übervoller Pinnwände lieber Infoordner und eine Auswahl an Fachliteratur in einem Zeitungsständer. Transparente Ordnungssysteme und ein Teammitglied, das sich für Raumgestaltung und Ordnung verantwortlich zeichnet, hilft, die Strukturen zu erhalten.
- Richten Sie überall in der Kita Erwachsenenorte ein, denn nicht nur die Kinder verbringen den Großteil der wachen Zeit in der Kita. Sorgen Sie dafür, dass es für alle gemütlich ist – das betrifft vor allem auch Stühle in Erwachsenenhöhe!
- Weniger ist mehr: drei angenehme Farben, eine Reduzierung der Raumfunktionen und Klarheit in der Gestaltung und kleine Wertschätzungen wie frische Blumen, Obst oder schöne Bilder und schon kann nichts mehr schiefgehen.

Literaturverzeichnis

Bahrenberg, Colja: Übergangsobjekte und Übergangsphänomene. Bedeutsame Begleiter des Kindes in seiner frühen Entwicklung. In: TPS 1/2016, S. 32–35.

Blumenschein, Anette; Ehlers, Ingrid Ute: Kreativität managen? Durch gezielten Denkstilwechsel innovative Ideen freisetzen. In: Business Bestseller Review Sommer/2003. S. 9f.

Bodenburg, Inga; Kollmann, Irmgard: Frühpädagogik – arbeiten mit Kindern von 0 bis 3 Jahren. Ein Lehrbuch für sozialpädagogische Berufe, Köln 2018.

Borke, Jörn: Kultur des Schlafens. In: Betrifft Kinder 5–6/2018, 30–32.

DGUV (Hrsg.): DGUV Vorschrift 82 Kindertageseinrichtungen, Berlin 2015.

DGUV (Hrsg.): DGUV Regel 102-602 Branche Kindertageseinrichtungen, Berlin 2019.

DIN e. V. (Hrsg.): DIN EN 1176-1:2017, Spielplatzgeräte und Spielplatzböden - Teil 1: Allgemeine sicherheitstechnische Anforderungen und Prüfverfahren, Berlin 2017.

DIN e. V. (Hrsg.): DIN EN 716-1:2019-06, Möbel – Kinderbetten und Reisekinderbetten für den Wohnbereich – Teil 1: Sicherheitstechnische Anforderungen, Berlin 2019.

Dürrmüller-Frei, Anina: Ab nach draußen, Schlafenszeit! In: Kleinstkinder in Kita und Tagespflege 1/2020. S. 20f.

Franz, Margit: Auszeit für die Sinne! Rückzugsorte im Gruppenraum gestalten. In: Krippenkinder 5/2020. S. 19–21.

GFK-Onlinekongress (2021): Interview mit Dirk Eilert. https://www.gfk-kongress.de/, zuletzt besucht: 30.09.2021.

Haug-Schnabel, Gabriele (2018): Wenn Kinder müde werden – Schlaf- und Ruhephasen in der Kita. Vortragsmanuskript, unveröffentlicht.

Hollmann, Elisabeth (2020): Der Schlafraum in der Krippe. Manuskript, unveröffentlicht.

Jasmund, Christina (2014): Die ungeliebte Mittagsruhe! Bedürfnisgerechte Tagesgestaltung in KiTas. Vortragsmanuskript, unveröffentlicht.

Kramer, Maren; Gutknecht, Dorothee: Schlafen in der Kinderkrippe. Achtsame und konkrete Gestaltungsmöglichkeiten, Freiburg 2016.

Maywald, Jörg: Wesentlich ist der Blick auf das Kind und nicht der auf die Uhr. In: Frühe Kindheit 4/2018, S. 46–48.

Renz-Polster, Herbert: Kinderschlaf in Einrichtungen, ein bedürfnisorientierter Leitfaden. In: TPS 2/2017, S. 4–9.

Sievers, Anne-Christin: Alle unter einer Decke. In: Frankfurter Allgemeine Sonntagszeitung, 09.05.2021, S. 53.

Statistisches Bundesamt (2021): Kinder in Kindertagesbetreuung 2019 und 2020 nach ausgewählten Merkmalen. https://www.destatis.de/DE/Themen/Gesellschaft-Umwelt/Soziales/Kindertagesbetreuung/Tabellen/kita-betreuung-merkmale-2018.html?nn=211240, zuletzt besucht: 31.08.2021.

Unfallkasse Nordrhein-Westfalen: Sichere Kita. https://www.sichere-kita.de/schlafraum, zuletzt besucht: 22.7.2021.

Vereinte Nationen, Ausschuss für die Rechte des Kindes. Allgemeine Bemerkung Nr. 12 (2009): Das Recht des Kindes auf Gehör. Absatz 132–134.

Über die Autorin

CHRISTINE BETZ

- Jahrgang 1959
- Erzieherin und Spielpädagogin
- Trainerin in der Integralen-LernKultur-Entwicklung (ILKE®)
- lizensierte Partnerin im Netzwerk ILKE®
- langjährige Leiterin einer vernetzt arbeitenden Kita mit geöffneten Strukturen
- 5 Jahre Mitarbeit in der Herausgeberkonferenz der *Praxis Kita*, ehemals *Die Kindergartenzeitschrift*
- Autorin von Artikeln für pädagogische Fachzeitschriften wie *Praxis Kita*, die *Entdeckungskiste* und *TPS-Praxismappe*

In 27 Jahren als Kita-Leiterin und insgesamt mehr als 40 Berufsjahren als Erzieherin habe ich mir einen großen Theorie-Praxis-Erfahrungsschatz erarbeitet. Dieser kommt zum Tragen in der Beratung und Begleitung von Kitas und beim Schreiben zu pädagogischen Themen.

Inhaltlich beschäftige ich mich mit Themen wie der Gestaltung von Öffnungsprozessen, der Einrichtung kreativer Bildungslandschaften, der Strukturierung entspannter Tagesabläufe oder der Organisation gelingender Schlüsselsituationen im gut gelebten Alltag. Meine Erfahrungen in pädagogischen Arbeitsfeldern auf unterschiedlichen Ebenen erlebe ich als inspirierend und bereichernd. Es macht mir große Freude, diese Inspiration weiterzutragen durch Ideen, Gedanken und Anregungen zum Austausch und zur konstruktiven Reflexion und Weiterentwicklung.

Danksagung

Ich habe das Buch wirklich zu Ende geschrieben! Das war eine spannende Herausforderung. Unterstützung erfuhr ich über mein sehr hilfsbereites Netzwerk, aus vielen begabten und engagierte Pädagog:innen, die sich fachlich mit mir austauschten. Von ihnen habe ich wertvolle Impulse und ermutigende Inspirationen erhalten.

Mein Dank geht an:

Die ILKE®-Co-Praxisorte – Annemarie Kern-Richter und das Team des Katholischen Kindergartens St. Gallus in Rödermark, Barbara Strauß und das Team der Kita Zauberwald mit Krippe und Hort in Oberursel, Birte Hansen und das Team der Ökumenischen Kita Kaleidoskop mit Hort in Frankfurt, Christine Noll und das Team der Kita die buntspechte in Gründau.

Gabriele Virnkaes und das Team der Evangelischen Kita in Lorsch, Petra Meinhof und das Team der Kita Trebel, Hanna Schrenk, Leiterin einer Krippe des pme Familienservice GmbH, Antje Guhr, Leiterin des Krippenhauses Blumenwiese in Gründau, Sarah Bohnes und Patricia Wassner der Online-Familien-Praxis JAEL, Annette Weigert und Elisabeth Hollmann, Inhaberinnen des privaten Weiterbildungsinstituts ILKE®, meine Partner:innen im Netzwerk ILKE®, Dolores Vonderlehr, Petra Lochner, Andreas Strauß, Bernd Schulmeyer.

Ania Mazurek, meine Freundin, die schon immer an mich glaubt, die fleißig jedes Kapitel las und kommentierte, mich bestätigte und meine Ausführungen wertschätzte.

Friedhelm Betz, meinen Mann, der mit mir auf Fototour in diversen Kitas unterwegs war, mich beständig mit Cappuccino versorgte und mich in meinem Vorhaben bestärkte.

Für all die schönen Fotos, die das Buch lebendig machen, bedanke ich mich bei Friedhelm Betz, Sarah Bohnes, Sigrid Diebold, Diana Fischer, Margit Franz, Anne Frey, Nina Groß, Franziska Krämer, Sandra Lukas, Petra Meinhof, Rosemarie Rosenthal, Bernd Schulmeyer, Barbara Strauß und Annette Weigert. Für die ansprechende Gestaltung des Buches danke ich Julia Zitouni von Doppelpunkt.

Mein besonderer Dank geht an die Herausgeberin Margit Franz, ohne die ich nie auf die Idee gekommen wäre, ein komplettes Buch zu schreiben und an die Redakteurin Myriam Bork für ihre Geduld und ihre feinfühligen Korrekturen.